総合
臨床心理学原論
●サイエンスとアートの融合のために

斎藤清二 著 Seiji Saito

The Concepts
of Comprehensive
Clinical Psychology:
A Necessary Unity
of Science and Art

北大路書房

はじめに

　本書は臨床心理学をはじめて学ぶ学生，臨床心理学の全体像を再確認したいと考える大学院生，自分なりの独自の臨床心理学を探求し構築することを目指す実践家や研究者に読まれることを意図して書かれたものである。

　現在の日本において「臨床心理学」という言葉は，マーヴィン・ミンスキーの言うところの「スーツケースワード」として用いられているように見える。スーツケースとは，個々のもの（ことば）を明確に定義するというよりは，とりあえず複数のものを放り込んで持ち運びするのに便利な容器のメタファーである。ある人の言う臨床心理学は，「科学（であるとされる）心理学の現場への応用」を意味し，またある人の言う臨床心理学は「現場での実践を支える（必ずしも科学的とは言えないものも含む）理論や規則や専門技術」のことを指す。このような言葉の使用法はある程度止むを得ないものであるが，臨床心理学をこれから学ぼうとする者にとっては混乱させられる状況であることも事実である。

　本書では，臨床心理学をサイエンス（科学）とアート（高度の専門技術）が融合した1つの総合的な複合体であると捉える。そして，外国から導入された複数の理論や方法論を束ねて並べるだけの「概論」を意図しない。そうではなくて，本邦の臨床心理学の歴史と現在をできる限り精密に把握し，近接領域との関連をも意識しつつ，未来に向かって臨床心理学を学び，実践し，探求する人たちのために，その基盤となる原理的事項を多角的な視点から提示することを目指す。

　第1章では，「臨床心理学とは何か」という根本命題について検討する。臨床心理学は「臨床」と「心理学」という2つの基本概念を含むので，その両者について丁寧に考察し，さらにその両者はどのように関係しているのかを検討する。臨床心理学に複数の異なった学範（パラダイム）が存在することを認めつつ，それらを超えて共有される原則について言及する。第2章では，臨床心理学と科学との関係について論ずる。そもそも科学とは何かという哲学的議論

には未だに結論が出ていない。本書では，臨床心理学を伝統的な科学とは異なる「実践科学」として理解することを提唱し，それは「合法則的合理性」と「合目的的合理性」の2つの合理性を含む複合的な科学であることを主張する。この議論を踏まえての補論2では，臨床心理学を「認知・行動主義」，「深層心理学」，「人間性心理学的アプローチ」の3つの学範に整理し，それらは，それぞれに特有の概念，理論，方法論，技法をもっているが，臨床心理学としての目標と基盤を共有していることを示す。

第3章では，近年臨床心理学の世界でしばしば言及される「エビデンスに基づく実践」について，歴史的，理論的観点から検討を加える。その出発点である「エビデンスに基づく医学」との対比，米国心理学会の「エビデンスに基づく心理学的実践」との比較を行いながら，臨床心理学における「エビデンス」と「エビデンスに基づく実践」のあり方を提言する。第4章では，本邦において行われてきた臨床心理学的実践（広義の心理療法）が，「『継続的な対人援助』の基盤に支えられた『心理学的行為』」であり，実践科学としての臨床心理学と共通の構造をもっていることを示す。そしてこの実践を支える基盤となる「対話」，「物語」，「関係性」について具体的に論ずる。第5章では，「苦しむ人への支援」という臨床心理学の共通目標を実現するためには，単独の理論・方法論では不十分であるという視点から，臨床心理学における多元主義的な世界観とその実現可能性について論ずる。その中で，本邦の臨床心理学の独特のあり方を，多元主義的総合モデルとして理解することを提案する。

第6章〜第8章では，臨床心理学的実践に関連する広範な問題を扱う。第6章では，支援や治療の前程となる「診断」と「見立て」，「アセスメント」をどう考えるかについて，医学的診断との異同と対比を踏まえつつ論じる。第7章では，実践科学としての臨床心理学に欠かすことのできない研究法について，特に質的研究，事例研究，混合研究法に焦点を当てつつ紹介と考察を行う。第8章では，実践の現場における臨床倫理の問題と，今後の心理専門職にとって必須とされる多職種協働について議論する。

本書の各章は，基本的にその章のテーマに関する原理的な考察を中心として記載されている。そのため各章の内容が，現場での実践や問題と具体的にどうつながるかが読者にイメージしにくい嫌いがある。そこで，各章に補論をつけ，

筆者の現場での体験に基づいた具体的なエピソードや事例経験の描写，あるいは本論を補うローカルな情報や考察などについての小文を挿入した。補論の内容のほとんどは，著者の文責によりすでに公開されたものを本書の趣旨に合わせて改変したものである。

　公認心理師法の施行に伴い，心理専門職となるためには学部教育において心理学全体を学ぶことが必須となった。その中で，臨床心理学がどのように教えられるべきであるかは重要な問題である。本書の内容は，2017年度の立命館大学総合心理学部2年生対象の「臨床心理学概論」を受講した約250名の学生に対して行われた講義の内容に基づいている。多分に難解な内容を含んでいるにもかかわらず，受講した学生の多くはこの内容についてしっかりと考え，彼らなりに興味を示し理解していることが，レポートや試験の結果から見て取れた。総合（comprehension）とは，複数の相いれないものの一つひとつに丁寧に関わり吟味しつつ，常に全体との比較を行いながら最終的に包括的な理解・把握に至るプロセスである。このような臨床心理学のあり方・学び方に少しでも貢献できるならば，本書の出版の意義は十分に報われることになるだろう。

　本書の編集の労をとっていただき，限られた時間の中で本書の完成のためにその専門能力を存分に発揮された，北大路書房の若森乾也さんに深く感謝いたします。

2018年1月

立命館大学総合心理学部特別招聘教授
斎　藤　清　二

はじめに ……… *iii*

第1章　臨床心理学とは何か　　　1

1. 「臨床」とは何か ……… *1*
2. 「臨床」と「心理学」の関係 ……… *4*
3. 臨床心理学における3つの立場 ……… *7*
4. 臨床心理学における共通原則 ……… *11*

補論1　「臨床」の認識論的図式 ……… 18

第2章　実践科学としての臨床心理学　　　21

1. 「科学」とは何か ……… *21*
2. 科学としての心理学 ……… *24*
3. 臨床心理学という実践科学 ……… *27*

補論2　臨床心理学における3つの立場──専門図式の観点から ……… 36

第3章　エビデンスに基づく実践　　　48

1. エビデンスに基づく医療（EBM）……… *49*
2. 心理学におけるエビデンスに基づく実践（EBPP）……… *53*

3. 臨床心理学におけるエビデンスの特異性と現状 ……… *55*

補論3　心理学におけるエビデンスに基づく実践はどのように行われるか ……… 65

第4章　対話・物語・関係性　　　　　　　　　　　　73

1. 対話 ……… *74*
2. 物語 ……… *82*
3. 関係性 ……… *87*

補論4　過食・嘔吐に悩まされるクライエントとの心理療法
　　　——対話による物語の共同構成と変容 ……… 92

第5章　臨床心理学と多元主義　　　　　　　　　　　97

1. 生物−心理−社会（BPS）モデル ……… *98*
2. 教条主義，折衷主義，多元主義，統合主義 ……… *101*
3. 多元的・総合的な臨床心理学的実践 ……… *105*
4. 『日本のありふれた心理療法』に見られる多元主義的総合モデル ……… *106*

補論5　多元主義的総合実践としての「非個人的心理療法」……… 111

第6章　診断・見立て・アセスメント　　　　　　　　123

1. そもそも診断とは何か ……… *123*
2. 「疾患−診断−治療モデル」を超える ……… *130*
3. 見立て ……… *134*
4. アセスメント ……… *136*

補論6　発達障害の大学生の診断をめぐる問題とナラティブ・アセスメント ……… 141

第7章 臨床心理学と研究　146

1. 実践研究とは ……… *146*
2. 量的研究と質的研究 ……… *148*
3. 質的研究における方法論の選択 ……… *151*
4. 研究をその目的から考える──メカニズム研究，効果研究，質的改善研究 ……… *152*
5. 事例研究法 ……… *155*
6. 混合研究法 ……… *157*

補論7　青年期慢性疼痛の単一事例質的研究 ……… 162

第8章 臨床倫理と多職種協働　173

1. 臨床実践における倫理的問題 ……… *173*
2. 原則論 ……… *176*
3. 手順論，臨床決疑論 ……… *178*
4. 物語倫理 ……… *180*
5. 心理職の専門性と多職種協働 ……… *182*

補論8　学生相談現場における臨床倫理分析 ……… 190

人名索引 ……… *199*
事項索引 ……… *201*

第1章

臨床心理学とは何か

　臨床心理学を定義する，言い換えれば「臨床心理学」という用語の意味をできる限り明確にすることから本章を始める[*1]。

　臨床心理学は，「臨床」と「心理学」という2つの言葉からなるので，それぞれを定義し，然る後にその2つの概念間の関係を明らかにする。しかし，この作業は極めて困難である。その理由は，そもそも「臨床」や「心理学」といった概念そのものが，一義的に決まるものではなく，さまざまな状況において，さまざまな人がそれぞれ違った意味を込めてこれらの用語を用いている現実があるからである[*2]。

　本章では，「臨床心理学」を，このような「さまざまな状況においてさまざまな意味をもつ複雑な現象の総体」と考える。「臨床心理学」についての，"唯一の正しい定義"は存在しないことを認める。それらの複数の意味づけをできる限り包摂し，多くの人が共有できるような"有効な概念化"を目指す。現場での実践を適切に描写，説明することに役立ち，問題解決や行為選択の参照枠として有効に機能するような，実用的な「臨床心理学」の概念とその定義をつくり出すことを目指す。

1．「臨床」とは何か

　臨床とは，文字通りには，「床＝ベッド」に「臨む＝傍にいる」ということ

である。このベッドは空（から）のベッドではない。そこには「苦しむ人」が横たわっている。この苦しむ人の典型は，病（やまい）や傷を負って死に逝く人である。その苦しみは，身体的な苦痛だけに限定されるものではない。痛み（pain）と苦しみ（suffering）は多くの場合区別できない。ベッドに横たわる苦しむ人の傍にいて，苦しむ人のために役に立ちたいと願うものが「臨床家（clinician）」である。「苦しむ人」と「苦しむ人のために役に立ちたいと願う人」は，人類の歴史の最初から存在したに違いなく，後者の多くは，家族や近くに住む人や，時には通りすがりの他者であったに違いない。しかし時代とともに，そのような援助者はしだいに専門化し，現代のカウンセラーや医師などを含む「支援専門職（helping professionals）」が生じてきたと考えられる。

　このように，臨床とは，苦しむ主体である「患者」あるいは「クライエント[*3]」と，苦しむ人を援助しようとする主体である「援助者＝臨床家」との2人以上の人間と，その両者がそこにおいて交流する，個別的で具体的な「場＝状況」とから構成される1つの動的な構造である[*4]。そこで行われる全ての相互行為は「臨床行為（clinical acts）」と総称される[*5]。

　上記のような動的な構造としての「臨床」は，基本的に個別事象である。臨床行為が行われる「場」，そして当事者である「クライエント」と「援助者」は，それぞれが代替不可能な個別性をもつ具体的な存在である。臨床のプロセスは1回限りのものであり，二度と同じプロセスが繰り返されることはない。個別のプロセスとしての「臨床」は，避けることのできないいくつかの特徴と限界をもつ。それらのうちで重要なものは，不確実性（uncertainty），複雑性（complexity），偶有性／随伴性（contingency）である[*6]。

　ここまで述べてきたような「臨床」の定義について異論がないわけではない。その1つは，臨床が過剰に病理化されることへの反論である。カウンセリングなどの人間性心理学的なアプローチの立場は，人間の"健康な"側面に焦点を当て，クライエントの心理的な成長や自己実現を促進することを大きな目的とする。その基盤として，クライエント自身のもつ健全な成長可能性を信頼する。そして，臨床的な活動を，「病理（異常）とその治療」と見なすことに反対する[*7]。

　もう1つの異論は，臨床が過剰に個人化されることへの反論である。人間性

心理学的なアプローチの中でも特に，苦しむ個人を家族や社会システムの中で理解しようとするシステム論的な立場やコミュニティ心理学，あるいは社会構成主義的な認識論を採用するナラティブ・セラピーなどの立場は，臨床を支援者とクライエントの二者関係に限定したり，臨床の出発点となる苦しみの原因を，その個人が置かれている社会・文化的な文脈と切り離して，個人にのみ帰属したりすることに強く反発する[*8]。

　これらの問題提起に応答するためには，そもそも人間における正常と異常とはどのように区別されるのか，私たちはそのような区別をどのように行っているのかについての根本的な議論にまで踏み込む必要がある。また，一方で，個人と社会や環境との関係をどう考えるのか，そもそも独立した個人とは存在するのかという根本的な議論が要請される。これらの議論は，単なる方法論レベルの問題（methodological issue）ではなく，この世界を私たちはどのように認識するのかという臨床行為を支える認識論レベルの問題（epistemological issue）である。

　しかし，上記のような批判は，「苦しむ人への援助」という臨床の意義を否定するものではない。むしろ必要とされるのは，人が苦しむとはどういうことであるか，支援の行為をどの範囲まで拡張するのか，個別性を尊重しつつ世界に対して開かれた場をどのように構成していくのか，などについてのきめ細かい議論であろう。この問題は同時に，臨床における多職種協働（multi-disciplinary collaboration）のあり方や，それを可能にするための認識論的，理論的基盤についての議論を要請する。

　上記の議論を踏まえた上で，本節では，臨床を以下のように定義することを提案する[*9]。

> 臨床とは，苦しむ主体である「クライエント」あるいは「患者」と，苦しむ人を援助しようとする主体である「援助者＝臨床家」と，その両者がそこにおいて存在し交流する，個別の具体的な「場」とから構成される動的な構造である。

2.「臨床」と「心理学」の関係

　現代の日本において，臨床心理学は既に60年以上の歴史をもっているが，臨床心理学とは何かということについて，専門家の間でも必ずしも意見の一致を見ていない。この臨床心理学の概念をめぐる対立や混乱は，これから臨床心理学を学ぼうとする心理学徒や初学者にとっては重大な障害となる可能性がある。

　臨床心理学を「臨床」と「心理学」という2つの言葉の複合体とみると，その両者の関係をどう考えるかという点から，2つの異なった主張がある。もちろん「心理学とは何か」ということについても統一された見解があるわけではなく，それ自体が議論の対象なのであるが，これ自体が膨大な議論となるため，ここでは心理学を「人間のこころと行動を対象とする科学」と暫定的に定義しておく。心理学および臨床心理学における「科学」とは何かという問題については次章で詳しく論ずる。ここでは「科学」とは，「現象についての，ある程度の一般性をもった理論の生成と検証を含むプロセス」であるということを指摘しておくに留める。

　心理学と臨床心理学の関係についての第一の主張は，臨床心理学は"科学としての"心理学の一部であり，心理学の臨床現場への応用が臨床心理学であるとする考え方である。この考え方は，次節で述べる認知・行動主義の立場から臨床心理学を定義しようとする人の多くから支持される。この考え方に従えば，臨床心理学は，心理学の多くのサブカテゴリーと同様に，応用心理学の一種であるということになる。また，この考え方は，米国心理学会（APA）をはじめとする欧米の心理学専門団体の考え方と整合性があり，現時点での世界標準（グローバル・スタンダード）であると主張されることも多い。

　第二の主張は，臨床心理学を，心理学的な知識や理論を利用する実践行為として捉え，それは単なる心理学の現場への応用に留まるものではないとする考え方である。このような立場をとる人たちは，臨床心理学という用語自体が学術的な側面を強調する言葉であり，実践の側面が重視されていないことを問題視し，むしろ「心理臨床学」という用語を好む。この場合，心理臨床という用

第1章 臨床心理学とは何か

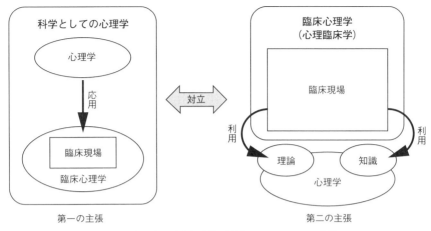

図1-1 心理学と臨床心理学の関係についての2つの主張

語は主として実践のことを指し，心理臨床学はその学術的側面であって，臨床実践を下支えし，より良い実践を行うための理論や方法論や経験則を含むものとされる。この考え方は，次節で述べる深層心理学の立場や人間性心理学的アプローチの立場を採用する人の多くから支持されている。

　ここで整理した2つの主張（図1-1）は，一見大きな違いはないようにも見えるが，臨床心理学とは何かということを考える際に避けて通れない重要な論点を提供している。つまり，臨床実践における「実践」と「知識・理論」の関係をどう考えるかという問題である。

　ここで議論を深めるために，臨床におけるもう1つの大きな領域である医学／医療における事情と比較しながら論じてみたい。医学と医療は，英語ではともにmedicineであり，同じ用語で表現される[*10]。medicineにおいて実践と理論は分かちがたく結びついており，どちらか一方だけではmedicineは成立しない。

　一方で，臨床心理学に関して言えば，英語表現としてのclinical psychologyは字義的には学術理論および専門的知識を意味するので，実践的側面を表現する英語としてはpractice of (clinical) psychologyという表現を用いることになるだろう[*11]。多くの場合これはpsychotherapy（心理療法）や，counseling（カウンセリング）や，psychological assessment（心理査定）など，より細分化

5

された実践を含むものとなる。臨床心理学が心理学の応用であるという説明は，英語で考える時には自然である[*12]。

医学との対比に戻ると，医療（医学的実践）は科学としての医学（基礎医学）の臨床現場への応用であるのか，それとも医療は医学的な知識や理論を利用するアート（洗練された技術）であって単なる科学の現場への応用ではないのか，という議論はどちらかに決着がついているとは言えない。この２つの見解が対立しているという構図は，歴史の相違や制度の相違を超えて，医学と臨床心理学という２つの臨床実践の現場において共通しているように思われる。

ここで再度，この議論における２つの立場の関係を単純化して描写する。臨床心理学においても医学においても"実践"と"理論"の関係をどう考えるかは最重要テーマである。ここで言う理論は厳密には科学とは同義ではない（これについては第２章以降に詳しく論ずる）が，基本的に一般性をもつ法則の定立を志向するものである。それに対して実践は，基本的に個別で不確定な事象を扱うプロセスである。したがって実践と理論の関係は，個別性と一般性との関係でもある。そこには２つの立場がある。１つ目は，臨床とは一般性をもつ理論を個別の実践に「適用する」，さらに言えば「当てはめる」ことであるとする立場である。２つ目は，臨床とは個別の実践においてそのような理論や原則や知識を「利用しつつ創発する」ことであるとする立場である。この「当てはめ」か「利用／創発」か，という二分法は，臨床心理学において対立する２つの立場を反映している。

本節では，臨床心理学において「臨床」と「心理学」の関係を以下のように説明することを提案する（図1-2）。

1) 臨床心理学は「実践」と「理論」の２つの側面をもっている。後者の「理論」は一般に「心理学」と呼ばれるものとほぼ同義である。
2) 心理学の定義は，暫定的に「人間のこころと行動を対象とする科学」とする。
3) 臨床心理学と心理学の関係には，以下の２つの異なった考え方がある。
　ⅰ）臨床心理学は心理学の現場への応用または適用である。
　ⅱ）臨床心理学は心理学を利用して行われる創発・探求的活動である。

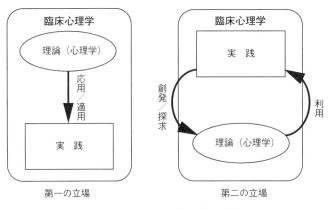

図 1-2　心理学と臨床心理学の関係

3. 臨床心理学における3つの立場[*13]

　臨床心理学および臨床心理学的実践においては，複数の考え方や立場が併存している。その全体像を描写するために，本節では臨床心理学における代表的立場を，①認知・行動主義，②深層心理学，③人間性心理学的アプローチ，の3つに分類して論じたい。このような3分法は，これまでの臨床心理学の教科書にもしばしば登場しており，ある程度の一般性をもつものである。もちろん，臨床心理学の中にはこの3つのグループにはうまく分類できない立場も存在するし，3つのグループの間に明確な境界があるわけでもない。しかし，臨床心理学におけるおおざっぱな見取り図を作り，全体像を俯瞰するためには，このような分類は役に立つと思われる。

1 ── 認知・行動主義（cognitive-behaviorism）

　20世紀初頭，ワトソン（Watson, J. B.），スキナー（Skinner, B. F.），ウォ

ルピ（Wolpe, J.）等によって創始された行動主義心理学・行動療法は，人間と動物に共通する行動・学習の理論をその理論的基盤とする。初期には人間のこころという観察不可能な存在を認めず，客観的に観察できる行動のみをその研究対象とすることが主張された。第一世代の行動療法では，古典的条件づけとオペラント条件づけの理論に基づいて，望ましい行動を増し，問題のある行動を減らすことを目指す治療技法を発展させた。またスキナーの徹底的行動主義は，三項随伴性に基づく応用行動分析へと発展し，環境の中に置かれた主体の行動と環境との相互関係を分析し，主体を含む環境システムに介入することによって，望ましい行動の強化や好ましくない条件づけの消去を目指す技法を発展させた。

　20世紀後半における認知心理学の台頭と呼応して，ベック（Beck, A. T.），エリス（Ellis, A.）らは，認知や思考のあり方が感情や行動を規定するという認知理論に基づいて，抑うつや不安をはじめとするさまざまな症状を治療する認知療法を開発した。行動理論に認知理論を取り込み，行動に焦点づけた治療技法に認知的技法を加味した治療理論と技法は，認知行動療法（CBT）と呼ばれ，これは第二世代の行動療法とも呼ばれている。さらに近年では，CBTの理論・方法論に，マインドフルネスに代表される東洋の伝統に基づく瞑想法などを積極的に取り入れた第三世代の認知行動療法が提唱され浸透している。

　認知・行動主義は，基本的に，科学的に実証された事実，それに関する知識，そこから発展した理論にその基盤を置き，臨床実践は実証された科学的理論・知識を現場に応用することによって行われるべきであるという考え方を採用する。認知・行動主義は，実証主義的認識論に基づいた臨床実践を志向しており，治療効果は実証的な方法により検証されるべきであると主張する。その結果，近年急速に台頭してきたEvidence-Based Practice（EBP：科学的根拠に基づく実践）の方法論への親和性が強調されている。

　一方で，第三世代と呼ばれる行動療法の一部は，文脈的行動科学と呼ばれる理論を提唱し，実証を重視しつつも，要素還元主義的な認識論とは距離を置いた立場を主張している。

2――深層心理学（depth-psychology）

　19世紀後半にフロイト（Freud, S.）によって創始された精神分析（psychoanalysis）が深層心理学の嚆矢であり，アドラー（Adler, A.）の個人心理学（individual psychology），ユング（Jung, C. G.）の分析心理学（analytic psychology）などがそこから派生あるいは分離した。フロイトの後継者も，対象関係学派，自我心理学派，ラカン派などを輩出し，その理論や治療技法には著しい多様性が生じている。

　これらの全てに共通する考え方は，人間のこころには表層の「意識」と深層にある「無意識」という少なくとも2層の構造があるというものである。そして深層にある無意識は通常，意識によっては自覚されないが，それにもかかわらず，意識は無意識によって大きな影響を受ける。こころの病理の原因や，治療における重要な要因として無意識と意識の関係を重視するのが深層心理学の立場である。このように，意識から独立した通常は認識されない深層構造を想定することは，思想史的に言えば，ソシュール（Saussure, F.）やレヴィ＝ストロース（Lévi-Strauss, C.）などによって提唱された構造主義と親和性がある。

　伝統的なフロイト派の中心的な技法は寝椅子を用いた自由連想法であり，1週間に4回以上といった集中的な個人セッションを理想とする。しかし，このような治療を現実的に行うことは困難で，多くの場合，1週間あるいは2週間に1回のセッションが対面法で行われ，このような方法は精神分析的心理療法，あるいは精神力動的心理療法と呼ばれる。ユング派，アドラー派においても，基本的には対面での個人面接が基本であり，方法論的にはカウンセリングとの差異は見出しにくい。多くの深層心理学的面接の基本は，クライエントの語りを尊重する点では共通しているが，学派により，どこに焦点を当てて解釈するか，またあえて解釈しないかについての多様性が認められる。

　精神分析は米国において著しく発展し，1950年代には米国の精神医学の大学教授の大半を精神分析派の人物が占めるほどであった。しかし，近年では，生物学的精神医学の台頭により，精神分析に往時の勢いはない。深層心理学派が自身の理論と科学をどう関連づけるかという態度は両価的であり一貫していない。フロイト派は精神分析の理論を科学的な理論と位置づけていたが，近年

それに対しては激しい批判がある。精神分析は一種の文化であって，科学とは無関係であるという見解をとる者もいる。逆に実証科学的な装いを取り返そうとして，神経科学的なアプローチと連携したり，疫学的な効果検証を行おうとする動きもある。また深層心理学的な実践は，厳密な自然科学ではないが広い意味での科学であるとして，実践科学としての理論整備を目指す動きもある。

3──人間性心理学的アプローチ（humanistic psychological approaches）

　人間性心理学的アプローチと呼ばれる一群の臨床心理学的実践の代表は，20世紀の半ば，ロジャーズ（Rogers, C. R.）によって開始された来談者中心療法である。この立場の最も大きな特徴は，人間には，自分自身で「自己実現」あるいは「成長」していく力があるという「人間性への信頼」を前提にしていることである。さらに，自己実現を促進する最も重要な因子として，セラピストとクライエントの「出会い」と「良好な関係」を重視する。セラピストとクライエントの関係は，同じ人間同士としての平等性が強調される一方で，クライエントを支援するセラピストの人格とその役割も重要視される。この立場に属する，あるいは関連する実践は多数の方法論や技法を発展させてきたが，パールズ（Perls, F. S.）が創始した「ゲシュタルト・セラピー」，ジェンドリン（Gendlin, E. T.）の「フォーカシング」などが代表的なものである。

　広義のカウンセリングから派生してきた，さまざまな立場の複数の臨床心理学的実践は認知・行動主義のような実証主義的認識論からは距離を置き，深層心理学のように無意識の存在を必ずしも前提とはしないという点と，クライエントのもつ自己実現傾向や問題解決能力を信頼し，その可能性が今ここにおいて創発されることを支援するセラピストの態度と技法を重視するという点で緩い共通点をもつ。これらを重視するアプローチを広義の人間性心理学的アプローチ群として一括しておきたい。それらは複数の異なった認識論的立場を含むが，システム論とその応用からは，短期精神療法（ブリーフ・セラピー），解決志向アプローチ（ソリューション・フォーカスト・アプローチ），システム論的家族療法などが発展し，さらにそこから，社会構成主義を認識論的基盤とするナラティブ・セラピーが生じた。

これらの臨床実践の立場を支える認識論は，実存主義，現象学，構成主義などである。実証主義的科学の立場からは一定の距離を置いており，社会構成主義のように積極的に従来の科学的言説や専門家主義に対する批判的立場をとるものもある。これらの実践は多様な方法論や技法を用いるが，そのいくつかは複数のアプローチにおいて共通しており，その代表的なものは質問技法を中心とする治療的会話であり，言語システムに注目するとともに，非言語的な今，ここでの体験過程にも注目する。

4．臨床心理学における共通原則

　ここまで述べてきたように，臨床心理学的実践には複数の立場があり，認識論，理論，方法論，技法（道具）といったさまざまなレベルにおいて相違点と類似点を整理することが可能である。しかし，それぞれの相違点は絶対的なものではなく，各々のグループの中にもさまざまのかなり異なる複数の立場を含んでいるし，異なったグループを横断するような性質をもつ立場も多く存在する。

　例えば，本邦で普及している深層心理学の一種であるユング心理学を基盤とした心理療法は，意識と無意識の層構造という構造主義的な認識論を採用しているが，クライエントの自己実現（個性化）の力に信頼を置くこと，クライエントと治療者の関係を重視しつつ関係（転移）の明示的な解釈を最小限にすることなど，人間性心理学的アプローチの特徴とかなりの共通点をもつ。また学習理論に基盤を置き，実証主義的な認識論を堅持する認知行動療法においても，第三世代の行動療法では，マインドフルネス瞑想法などの技法を取り入れているだけではなく，言語やイメージや文脈を重視し，人間の認知，感情，行動への統合的なアプローチを志向しているという点で，実証主義的な世界観をより拡張しようとする傾向が認められる。

　一方で，実証主義的な観点から，臨床心理学的実践の効果を検証しようとす

る研究の重要性も，近年では認知・行動主義の立場からだけではなく，精神力動的心理療法をはじめとしてさまざまな立場から重要視されるようになり，効果研究の成績についての情報（evidence）が集積されるようになりつつある。新しい方法論や技法は現在でも次々と開発・提唱されているし，その多くは，多かれ少なかれ多元的・統合的な立場を志向しているように見える。

　以上を総括すると，臨床心理学における複数の立場の理論・方法論にかかわらず，共有可能ないくつかの原則を抽出して明示化することは可能であると思われ，これらを理解し身につけることは，臨床心理学を学ぶ者にとって必須であると考えられる。以下に試案ではあるが，臨床心理学のほぼ全ての立場によって共有可能な原則についてまとめる。これらは，熟練した臨床家に尋ねれば，どの立場に属していても，「それは重要である」と答えるようなものである。もちろん，このような原則が実践において常に実現しているわけではなく，むしろこれらの原則は実践において目指されるべきビジョンであり目標である。同時にこれらの原則は，実践において何らかの判断を求められる時には，その参照枠となるべきものである。

1 ──他者尊重の原則（principle of respect for others）

　「臨床」の定義から自然に導かれる原則である。苦しむ主体である他者（クライエント）は支援者によって常に尊重（respect）されなければならない。クライエント自身，クライエントの語り，クライエントの非言語的メッセージなど，提示（present）されたものは全て，丁寧に受け止められ，誠実に理解され，有効に応答されなければならない。この原則は3つの立場の全てにおいて遵守されるが，用語としては，positive regard（肯定的配慮），acceptance（受容），validation（承認），attention（注意／配慮）など立場によってさまざまに呼ばれる。クライエントとの関係だけではなく，多職種協働における同僚である他者との関係においてもこの原則は適用される。

2 ──関係性の原則（principle of relationality）

　支援者とクライエントとの関係は，有効な支援や治療のために第一に重要視されなければならない。多くの人間性心理学的アプローチ，特にクライエント中心療法においては，どのように関係を構築するかということそのものが理論，方法論，技法における重要な主題となる。認知・行動主義では，良好な関係は協同的実証主義と呼ばれ，有効な治療的介入の前提と見なされる。深層心理学においては，良好な関係の構築は治療同盟と呼ばれ，治療が成功するかどうかに影響する重要な因子とみなされる。特に精神分析においては，転移・逆転移などの治療者とクライエントの関係そのものに治療的焦点が当てられる。支援者がクライエントと継続的に良好な関係を確保することは，「寄り添う」「伴走する」「同行二人」などというメタファーで表現される。良好な関係が臨床心理学的実践においてその効果に寄与することは，複数の実証的研究によっても支持されている。

3 ──省察的実践の原則（principle of reflective practice）

　臨床実践は，個別実践であるため必然的に不確実性を伴う。臨床実践においてクライエントは一人ひとりみな異なっており，同じできごとは二度と起こらず，未来を確実に予想することはできない。支援者はクライエントとともに，刻々と生じる新しい状況を受け止め，定義を試み，新しい実践を探索したり，創発したりする必要がある。このような実践は，前もって完全に想定しておくことは不可能であり，実践（行為）しながら同時に省察（直観）を行う「行為の中での省察（reflection in action）」と「行為の後での省察（reflection after action）」が組み合わされた連続的行為となる。教科書的な知識や理論を一律に現場やクライエントに当てはめたり，マニュアルをそのまま機械的に実行するだけでは，有効な実践はできないということは，立場は違っても多くの臨床家が共通して認めるだろう。

4 ── 多元主義の原則(principle of pluralism)

　臨床実践は不確実性と複雑性を避けることができず,クライエントの抱える問題もまた多様である。全てのクライエントや状況,病態に対して,1つの理論,方法論だけでは対応できないということは,どの立場に立つ実践者であっても認めざるを得ないだろう。したがって,臨床心理学的実践においては,1つの立場だけが絶対的に正しく,他の異なる立場を排除するという教条主義的な態度(dogmatic attitude)は推奨されない。しかし,自分の立場が教条主義的であると自認する臨床家はおそらくいないので,積極的に複数の理論,方法論を状況に応じて実践に採用していこうとする多元主義(pluralism)については,ほとんどの臨床家が賛成するにもかかわらず,必ずしもそれが実行されているとは限らない。多元主義による実践とは,複数の方法論を無原則にクライエントに当てはめたり,考えられる全ての方法を1人のクライエントに自動的に併用したりすることではない。このような態度は,何でもありの無原則な折衷主義(eclecticism)と呼ばれ,多くの臨床家はこれを有効な臨床心理学的実践法とは考えないだろう。

　複数の理論的立場の併存を認めながら,個別のクライエント,個別の状況において適切な臨床判断を行い,その状況における最善の方法論や技法を選択(あえて何もしないという選択も含まれる)していく姿勢が,臨床心理学的実践には望ましいと考えられる。したがって,ここで言う多元主義的な実践とは,理論レベルでは多元的であるが,個別の実践レベルでは総合的であるような実践ということになる。このような多元論的なあり方を臨床心理学の原則として掲げることには異論もあると思われるが,本書ではこの立場に従って考えていきたい。

註 ●●●●●

*1　一般に,ある概念を「定義する」とは,その言葉の意味するものの外延と内包を明らかにすることである。臨床心理学という概念を例にとれば,外延を明らかにするとは,「臨床心理学には何が含まれ,何が含まれないのか?」という問いに答えることであり,

内包を明らかにするとは,「臨床心理学とはどのようなものであるのか?」という問いに答えることである。

*2 著名な脳科学者であるミンスキー(Minsky, M.)は,「愛」とか「意識」などのこころの状態を表す言葉を例にとって,このような状況を「スーツケース」の比喩を用いて説明している。これらの用語は「スーツケース=とりあえず複数のものを放り込める便利な容器」のような役割をしているに過ぎない。個々の概念を一義的に厳密に定義する努力はあまり大きな意味をもたず,むしろ,個々の状況においてそれらの用語がどのような意味を込めて用いられているのかを明確にするほうが重要であると主張している。以下を参照のこと。
Minsky, M.(2006)The Emotion Machine: Commonsense Thinking, Artificial Intelligence, and the Future of the Human Mind(竹林洋一(訳)(2009)『ミンスキー博士の脳の探検——常識・感情・自己とは』 共立出版)

*3 患者(patient)とは,語源的には patience=忍耐から派生した言葉であり,「苦しみに耐えている人」の意味である。患者は,医学/医療においては第一義的に尊重されるべき最重要存在として扱われる。しかし,患者が医師による治療の対象とされ,その主体性が奪われているという批判から,ロジャーズ(Rogers, C. R.)の人間性心理学的アプローチ(カウンセリング)を中心として,患者という言葉を「クライエント(client)=来談者」に置き換えることが推奨され,本邦の臨床心理学においても,クライエントという呼称が定着している。しかし,元来の意味から言うと,患者を治療者や支援者の下位に位置づけることはそもそも正しくない。

*4 ここで言う「構造(structure)」とは,「複数の要素と要素同士の関係とその総体」を意味している。要素と要素同士の関係は論理階型が異なっており,単純に足し合わせることはできないので,構造は単なる要素の集合体ではない。またこの構造は静的なものではなく,常に刻々と構成され続けているという意味で,「動的な構造(dynamic structure)」である。詳しくは,以下を参照のこと。
斎藤清二(2006)物語と対話に基づく医療(NBM)と構造構成主義 『学園の臨床研究』6, 1-9.(斎藤清二(2014)『関係性の医療学——ナラティブ・ベイスト・メディスン論考』 遠見書房 pp.65-81.にも所収)

*5 臨床行為の典型は,「医療」と呼ばれる実践現場において医療者と患者によって行われる相互交流を意味していた。しかし近年,その領域は著しく拡大し,それに伴って「臨床」の名を冠された多数の実践や学術の領域が存在するようになった。学術領域としての例を挙げれば,臨床心理学,臨床看護学,臨床社会学,臨床人類学,臨床教育学,臨床工学,臨床法学,臨床宗教学,臨床倫理学,臨床哲学などである。また,心理学の下位領域においても,臨床発達心理学,臨床教育心理学といった概念が提唱されるようになってきた。実践という観点からは心理臨床,社会臨床,司法臨床,宗教臨床などという用語も用いられている。「臨床(clinical)」とは「医療(medical)」に

限定される概念ではなく，むしろ医療をその部分集合として含む，より広い概念である。臨床では，「苦しむ人」と「苦しむ者のために役に立ちたいと願う人」の存在と，「苦しみの緩和」を目的とする相互交流の場がそこに存在することが前提となり，単に「現場における実践」の意味ではない。なお，医師以外の専門職が行う臨床行為と狭義の医行為（medical acts）の異同がしばしば問題になるが，法律上どこまでが医行為とされるかには必ずしも定説はない。一般的には，専門家としての医師が行うのでなければ，患者の身体への侵襲が大きく，傷害と認定されるような行為を狭義の医行為と呼び，手術や注射などがその典型例である。また医師法に明記されている公的な診断書の発行なども医師の独占業務である。このような行為は医師だけに許されていると考えることが妥当であるが，それはあくまでも特定の社会的な約束事に依存しており，社会や文化が異なれば当然，「医行為」，「臨床行為」の意味づけや範囲は異なってくる。

*6 不確実性とは，臨床の現場において何が起きるかを正確に予測することはできないということである。複雑性とは，臨床において何らかのできごと（結果）が起こった場合，その原因が1つであることは稀で，多くの場合複数の要因が複雑に絡み合った結果として1つのできごとが起こるということである。偶有性とは，臨床において何が起こるかはおおまかには予測できるが，時に全く予想外のことが起こるということを意味するが，行動分析の領域ではcontingencyを随伴性と訳し，因果関係はなくとも，1つのことが起こると多くの場合次のことが起こることが予想される，という意味で用いる。

*7 このような批判の1つの例として，カウンセリング心理学の専門家である國分康孝は，本邦におけるスクールカウンセラー制度において，臨床心理士のみを採用するという文部科学省の方針に異議を唱え，「学校教育の問題は，臨床心理学よりカウンセリングの関与する問題のほうが圧倒的に多い。…つまり心理療法を求める子ども（例：摂食障害，不安神経症）はそんなに多くない」と述べている（医学界新聞，2000）。この論では，「臨床心理学」とは「心理療法と同義であり，病気や異常の治療を行うこと」であるとの見解が提示されている。

*8 例えば，構成主義の立場からしばしば伝統的な専門家の見解に対する批判として主張される言説として「心理治療の専門家は，クライエントの問題を『個人のこころ』に閉じ込めることによって，クライエントの自己責任を過剰に強調し，結果的にクライエントにとっての社会的コンテクストの重要性を無視してきた。したがって『個人のこころ』というドミナント・ストーリーを『社会に開かれた関係性』というオールタナティブ・ストーリーに書き換えなければならない」がある。こういった言説への筆者による応答については，以下を参照のこと。
斎藤清二（2006）医療におけるナラティヴの展望——その理論と実践の関係　江口重幸・斎藤清二・野村直樹（編）『ナラティヴと医療』　金剛出版　pp.245-265.

*9 臨床の定義である「動的構造」を図式化することは難しい。なぜならば，それは複雑

な要因とその関係の絡まり合いであり，さらにそれは刻々と変化しているものであるから，一枚の静止画として表現することはほとんど不可能だからである。しかし，それを踏まえた上で，可能な限り図式として把握しようとすること自体には意味がある。その試みについては補論1（本書18頁）を参照のこと。

＊10　明治以降，本邦に西洋医学が導入された際，medicineという用語について，学術としての「医学（medical science）」と実践としての「医療（medical practice）」の2つの訳語が採用され，その両者を含む日本語は創出されなかった。強いて言うと「医事＝ medical things」という言葉がそれに近い。しかし「医事」という言葉は，医学領域で用いられることは現在極めて稀であり，法律の領域や実地医家向けの出版物（『医事新報』）にわずかに用いられている。

＊11　第3章で論ずる，「心理学におけるエビデンスに基づく実践」について言えば，医学におけるEvidence-based Medicine（EBM）に対応する表現として，APAは，Evidence-based Practice in Psychology（EBPP）という用語を当てている。ここで言うPractice in Psychologyは，事実上臨床心理学的な実践のことを指している。

＊12　これに対して心理臨床という言葉は，英語には存在しない。臨床心理系の日本最大の学術団体である心理臨床学会の英語名称は，The Association of Japanese Clinical Psychologyであり，これは素直に読むと「『日本の臨床心理学』の学会」ということになり，心理臨床学という概念が日本独自のものであることを示唆している。このことは，「日本の臨床心理学はガラパゴス化している（世界標準ではない）」という批判を呼び込むことにもなっている。しかし一方では，私たちは日本というローカルな環境・文化において日々の実践を行っているわけであり，世界標準に盲目的に従うことが良い結果を生むという保証はない。

＊13　一般に多くの「臨床心理学概論」においては，臨床心理学の複数の学派について詳しく解説されることが多い。しかし本書の目的は臨床心理学を総合的に把握することであり，臨床心理学が複数の学派の寄せ集めであるという見解をとらない。臨床心理学の各学派を理解するためのより詳しい要約については，補論2（本書36頁）を参照のこと。

補論 1

「臨床」の認識論的図式

筆者は第 1 章において，"臨床"を以下のように定義した。

> 臨床とは，苦しむ主体である「クライエント」あるいは「患者」と，苦しむ人を援助しようとする主体である「援助者＝臨床家」と，その両者がそこにおいて存在し交流する，個別の具体的な「場」とから構成される動的な構造である。

　それでは，臨床の現場で行われている実践をスキーマ（図式）として示すとどうなるだろうか。スキーマは，幾通りにも表現しうるものであり，どのように表現したとしても不完全なものである。ここでは，ある特定の現場において"立ち現れ体験される全て"を「現象」と呼び，それを「私」という視点から見ているという構造を，可能な限り図式化してみたいと思う。

　現場において私たちが体験する全てを「現象」として一元的に捉えたとしても，現象を認識する「私」とは何であるのかという根本的な問題を避けて通ることはできない。しかし，これには簡単な正解はない。筆者は，臨床実践現場における私たちの認識や行動の全体像を近似的に把握するために，図 1-3 に示すようなモデルを提唱したい。

　臨床実践における主観（私）は，おおざっぱに，現場で患者と相互交流する「援助者としての私＝私 1」と，支援の対象者である他者（患者／クライエント）との相互交流が現象体験として生起する構造全体を認識している，「視点としての私＝私 2」の 2 つの次元をもっていると考えられる。私 2 は，私 1 やクライエントや，その周囲の状況の全てを観察する「視点」であり，それ自体は「視るものであって視られる対象とはならないもの」である。これは伝統的に「認識主観」「観察主観」などと呼ばれてきたものである。

　実際の臨床実践において，私 1 は，クライエントとの相互交流において，クライエントの語り（これは一般には「クライエントの主観」と認識される）を聴取し，クライ

補論1　「臨床」の認識論的図式

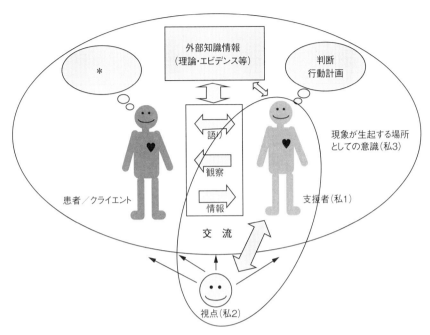

図1-3　「臨床実践という動的構造」の認識論的図式

エントの観察所見や，クライエントからの情報（検査データなど。これらは「クライエントの客観情報」と認識される）を収集する。さらに支援者としての私は，クライエントそのものからではない外部記憶情報（一般にはエビデンスとか，心理学的理論とか，その他の近接領域の理論などであるが，伝統的には科学とは見なされてこなかった代替医療や伝統医療などの理論や知見などをも含む）にアクセスし，これも客観的と言われる情報として利用する。このような情報を総合して，支援者である私1は，「臨床判断」や「行動計画」などを，その都度構成し実行する。

なお，図1-3において，クライエントの思考や感情などの「クライエントにとっての内的状況」（図中の＊のつけられた吹き出しの内容）は，基本的に不可知である。これは，このスキーマが，援助者の主観（私）から見た構造として描き出されているからである。これが臨床における「他者性」であり，臨床的支援の全ての行為はこの「他者性」を前提として発動される。

このような動的構造における作業が，透明性と厳密性をもって行われ，対話を通じての共同構成と検証が継続的に行われる時，それは，「科学的営み」と見なされる。従来

19

の考え方では，外部からの情報や，クライエントから得られる観察所見や検査データなどが「客観的」と呼ばれ，科学的に価値あるものとされてきたが，このモデルにおいては，臨床の「場」に立ち現れる全て，すなわち，エビデンスやアカデミックな理論などの外部知識の認識，さらには援助者自身に起こってくる感情などの全ての経験は「現象の構造化」として一元化され，科学的に利用可能なものであると見なされる。

　上記のような動的構造における全ての経験は，私という場所（＝私3）において刻々と生起しては変遷していく「現象」であり，それを視点としての私（＝私2）が眺めている，という構図になる。ここで，私1は通常実体験されている私であり，私2はそれを観察し続けている私であるが，この両者が乖離してしまわないことが，有効な実践を行うための重要なポイントである。そのためには，主体としての私としては存在していないとも言える「場所としての意識＝私3」が全体を包括していることの理解が必要となる。言葉を換えれば，私1，私2，私3は全てが「私」であり，それらは不一にして不異であり，かつ「固定した私」はもともと本来的には存在していないとも言える。

第2章
実践科学としての臨床心理学

　本章では，臨床心理学と科学の関係について考える。そもそも心理学は「こころ」という目に見えないものを扱うことから，素朴な意味での客観的な科学と言えるのかどうかが常に問われてきた。さらに臨床心理学は，前章で定義したように「苦しむ主体への援助」という実践的行為をその中核として含むものである。心理学を「こころおよび行動を扱う科学」と考えるとしても，心理学と臨床実践との関係を考慮する時，「臨床心理学は科学であるのか？」という問いをめぐっての複数の議論が必要とされる。本書では，臨床心理学とは「実践と理論を不可欠なものとして含む学術領域」であり，物理学や数学などの厳密科学とは異なる「実践科学＝practical science」であると位置づける。その上で，一般に論じられている科学論と実践科学としての臨床心理学の関係，さらには，医学などの他の臨床領域での科学論との対比を行いながら，実践科学としての臨床心理学について，可能な限り明確な像を描き出していきたい。

1．「科学」とは何か

　「科学（science）とは何か」，という問い自体は科学哲学的探究のテーマである。本章では，唯一正しい科学の定義が存在するわけではなく，いろいろな人がいろいろな状況，いろいろな目的で「これは科学である」とか「これは科学ではない」といったことを主張するために用いる多様な言説群があるという

ことを前提として論ずる。

　アリストテレスによれば，科学とは「一般的な真実を確立し普遍的な自然法則を探し求める試みである」とされている[*1]。言い換えれば，科学とは，観察されたり体験されたりする個々の現象から一般的な法則を導き出す試みである。一般的な法則とは，単純化して言えば「いつでも，どこでも，誰にでも当てはまる」ような法則ということになる。もしこういった法則が確立されれば，それは個々の現場に戻してあてはめることが可能になり，そこでは再現性，予測可能性が確保されることになる。古典的な物理学ではこのことが成り立つとされており，少なくとも日常的なレベルでは，一定の条件さえ満たせば，個別の状況において，誰にでも，いつでも，どこでもこの原則が成り立つ[*2]。

　このような古典的物理学をモデルとする科学は，実証主義（positivism）と呼ばれる認識論に依拠している。実証主義は，この世界は客観的に実在しているということを前提とする（実在論）。そしてこの世界で起きるできごとは客観的な事実として観察することができ，それらの事実がなぜ生ずるのかを説明する因果論的な法則が存在していることを想定する（客観主義／線形因果論）。一方でこのような法則が真実であるかどうかについては，さまざまな方法を用いて検証することができるし，検証する必要があると考える。最も信頼のおける検証法は，よく統制された実験であるとするのが実証主義の立場である（実験主義）。いまだ検証されていない法則の候補は「仮説」と呼ばれ，実験的な手段によって検証され，一般的な再現性を保証された法則の体系は「理論」と呼ばれる。このようにして，「仮説を理論にまで高めること」が，とりあえず科学的研究の目的とされる。

　ある学術的な活動が，「科学であるかどうか」，そしてその活動において，何をもって「科学的真実」とすることができるのか，という方法論的な問いについての明確な解答は現在に至るまでなされていない。この科学的な方法を問う問題について知っておくことが望まれる3つの考え方を紹介する[*3]。

　第一は，ポパー（Popper, K. R.）によって提唱された「反証可能性」（批判的合理主義）の考え方である。これはひとことで言えば，「それが科学であるというためには，その仮説の命題が実証的な方法によって否定（反証）されうるという性質をそなえていなければならない」という考え方である。例えばア

インシュタインの相対性理論は，その仮説（例えば，重力によって空間が歪む）から導き出され，予想される現象（日蝕の際に光の微細なズレが観測できるはずである）を，厳密な条件下での実験・観察という方法によって検証することができる。もし，理論から予測される現象が観察されなければ，その理論は否定（反証）されると予想する。その理由で，アインシュタインの理論は科学の資格を有している。しかし，「神は愛である」というような宗教的命題は，実証的な方法で否定することができない。よって，このような命題は科学で取り扱う問題ではないとする。ポパーの方法は理論を現実に当てはめ，厳密な方法で検証するという「演繹法（deduction）」に基づいている。

　第二は，パース（Peirce, C. S.）によって論じられた，「仮説生成法（abduction）」である。私たちは現象世界において実際に経験される現実から帰納的に一般的な理論をつくり出そうとする。カラスという鳥を観察すると，それは黒いということが繰り返し観察されるので，「カラスは黒い」という一般的な法則が導かれる。しかし，それまでのカラスが全て黒だったとしても，次に観察されるカラスは白いかもしれない。このように，経験の繰り返しから一般法則を導こうとする帰納法（induction）は，厳密な科学という観点から見ると限界がある。しかし一方で，1羽のカラスが白かったからといって，「カラスは黒い」という仮説そのものを捨ててしまうということも現実的には有益ではない。現実世界においては帰納法を丁寧に繰り返すことによって，「カラスのほとんどは黒い」という「ほぼ全ての人々が認める」法則を共有することは可能である。

　科学的な方法を実践する際には，そもそも最初の仮説をどうやってつくるのかという問題が重要である。パースは複数の観察された事実を結び合わせることによって，独創的な仮説を浮かび上がらせる一見非合理的な思考法である「仮説生成法」が，新しい仮説を創発するために有用であることを主張した。このパースの考え方は，実践現場において「厳密とは言えないが，一般的にほぼ共有可能な法則」をつくり出し，利用するために役立つ考え方である。

　第三は，クーン（Kuhn, T. S.）によって論じられた「パラダイム（paradigm）論」である。クーンは，科学のもつ性質として，パラダイム（paradigm：後に専門図式（disciplinary matrix）と変更された）という概念を主張した。パラダイムは，概念，定義，理論，方法論，道具のワンセットをもっており，ある時

代において特定のパラダイムが受け入れられると，それは「通常科学（normal science）」と呼ばれ，その時代における科学的研究のほとんどがそのパラダイムの中で行われるようになる。しかし現実とパラダイムが合わなくなってくると，ある時点においてパラダイムシフトと呼ばれる一種の科学革命が起こり，全く異なる新しいパラダイムへと科学は移行する。異なるパラダイム間では，科学的な言語そのものが変化するので，2つのパラダイムが互いを理解することは困難で，そこに共約不可能性（incommensurability）が生じる。

クーンが論じたパラダイムシフトは，プトレマイオスの天動説からコペルニクスの地動説への移行や，ニュートン物理学から相対性理論・量子物理学への移行をその典型例としており，あくまでも厳密科学の領域を想定したものであった。しかしパラダイムの概念は拡張されて，より微細な理論や方法論の違いにもその考え方が適用されるようになった。

臨床心理学のような特定の実践科学領域にパラダイム論を応用することは，その領域の全体像を説明することに役に立つ。例えば，同じクライエントの問題を解釈する時に，認知行動科学と深層心理学は，そのクライエントの問題や原因について全く異なる説明を提供するので，往々にして2つの領域の専門家の会話そのものが不可能となる。これを，どちらが正しく，どちらが間違っているのかという見方をするのではなく，臨床心理学におけるパラダイムの違いとして理解することは，より幅広い視点を提供し，多元主義的な実践を行うために有用であるだろう。

2．科学としての心理学

心理学はもちろんのこと，生物学や医学もそうであるように，多くの非厳密科学では一般法則から得られる予測と，個別の現場で起こることは必ずしも一致しない。したがって科学としての心理学は，厳密な意味での原因と結果が必ず対応するような100％の再現性をもつ法則や理論を構築することは不可能で

あることを前提としなければならない。そこで可能なことは,「Aということがあれば(観察されれば),Bということが起こりやすくなる(観察される確率が高くなる)」といった,蓋然的な予測である。このことは,決して心理学の科学的価値が低いということを意味しない。心理学が扱うような現象的世界においては,不確実性は避けることのできない事実である。不確実性を前提として認めたからといって,心理学における科学的な営みの原則が他の科学と全く異なるというわけではない。心理学を含む非厳密科学において,多くの人が合意するような科学の営みはおおざっぱに以下のように描写されるだろう(図2-1)。

> 科学の営みとは,一般的な法則を求める試みであり,観察あるいは経験される現象をうまく説明できる仮説を生成し,それをさまざまな手段を用いて検証することによって仮説を連続的に精緻化するプロセスである。

心理学はその研究法として,確率を扱うために必須の統計学的な手法を,他の科学領域と比較しても早くから発展させてきた。さらに心理学は生物学にお

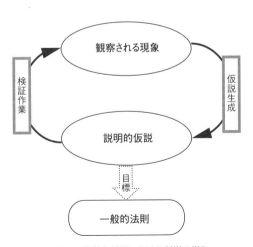

図2-1　非厳密科学における科学の営み

けるような「客観的に観察可能な現象」だけを扱うわけではない。初期の行動心理学は「観察可能な対象」のみを扱おうとしていたが，かなり早い段階で，ブラックボックスとしての「有機体」の内容をも扱わざるを得なくなったために，「目に見えないものを測定可能なものに変えて統計的手法を適用可能にする」ための方法を発展させてきた。そのうちでも有力な方法は，構成概念（construct）を操作的定義（operational definition）によってつくり出すことである。この方法によって，「感情」や「気分」や「性格」といった，通常は客観的には目に見えないものを測定可能にして，統計学的研究の俎上に載せることを可能にしてきたのである。もちろん，心理学が用いるこのような方法は，物理学などの厳密科学や，生物学のように客観的に観察可能な対象だけをデータとして扱う方法論に比べれば，曖昧な点を含んでいる。しかし，厳密な意味での客観化の難しい現象を"科学的に"扱うための，ある程度実効性のある方法論を発展させてきたことは間違いなく心理学の功績である。事象の予測や再現性の問題を，統計的手法を用いて確率論的に扱うためには，データを数値化する（数値として表現する）ことが必須であり，これらの研究は心理学における量的（定量的）研究（quantitative research）と呼ばれる。

　一方で，心理学的事象からデータを収集するための方法は，決して心理計測による定量的な方法だけではない。特に主体の個人的な経験や，内省を伴う体験，さらにそれらについての意味づけなどは，テクストまたは語りとして表現され受け止められることを通じて得られる質的なデータに拠ることが一般的である。このような質的データは，その主体がどのように自身の経験を評価し，意味づけているかという自己言及性を含んでいるところに特徴がある。インタビューやフィールドワークなどの方法によって質的なテクストデータを収集し，透明性のある方法によって分析を行い，仮説やモデルを生成するような研究は質的研究（qualitative research）と呼ばれる。科学的探究が，仮説生成と仮説検証のサイクルからなるということを踏まえるならば，科学的方法としての量的研究法と質的研究法は，どちらも重要であり，どちらか一方がより科学的であるというわけではない。[*4]

3．臨床心理学という実践科学

　前章において既に論じたように，臨床心理学は実践と理論が分かちがたく結びついた実践的学術領域である。したがって科学としての臨床心理学は，「臨床」と「心理学」の2つの側面からの規定を受ける。心理学が，「こころと行動を対象とした科学」であるとする考え方については前節で述べた。また，心理学は厳密科学ではないが，蓋然性を前提とし，操作的に定義された構成概念と統計学を駆使した独自の実証主義的方法論を発展させていること，さらに仮説生成のための質的研究の方法論をも取り込んでおり，多彩な方法論を駆使できる科学的学術領域を確立していることも既に述べた。

　それでは臨床心理学の中で，心理学と分かちがたく結びついている臨床，あるいは臨床実践そのものは科学と言えるのだろうか？　本節での結論を先取りして述べると，臨床心理学はその全体が広義の科学であり，それは実践科学と呼ばれる独特の科学であることを主張したい。

　実践科学としての臨床心理学の大きな特徴は2つある。その第一は，実践科学としての臨床心理学はそれ自体が「二層構造をもった科学システム（dual scientific system）」であり，それは「科学を利用する科学」であるということである。そして第二は，実践科学における実践それ自体が，科学的な研究法，特に質的研究法と著しい形式的類似性をもっているということである。以下，この2点について順に述べる。

1——二層構造をもつ複合科学としての臨床心理学

　実践科学としての臨床心理学を単純化して定義すると以下のようになる。

> 実践科学としての臨床心理学は，科学を個別の実践において利用する合理的で探究的な科学システムである。

　臨床心理学において，利用される"科学"の代表例は当然のことながら心理

学である。しかし，実践そのものを下支えする"科学"は個別の臨床心理学的実践としての科学である。前者と後者の科学は性質を異にしている。しかし両者は特殊な関係で強く結ばれており，両者を完全に分離することはできない。前者の科学は通常の科学であり，後者の科学は，個別の実践においてクライエントや患者に役立てるために前者の科学を利用する，合理的で探究的なプロセスである。

　科学はそれ自体が合理性に裏打ちされたプロセスであるが，その合理性は「合法則的合理性」と「合目的的合理性」の2つの側面をもつ。*5 前者は「論理学や統計学といった法則に一致しているという意味での合理性」であり，後者は「個人や社会や人間のもつ価値や目的と切り離すことのできない合理性」である。この考え方に従って臨床心理学のもつ合理性を吟味すると，臨床心理学そのものは「クライエントや患者（＝苦しむ人）へのケア」を究極の目的として，その目的を達成するための複雑で柔軟な合理的な過程を目指しているという点から，その合理性は「合目的的合理性」であることが明らかである。しかし，臨床心理学において利用される「科学≒心理学」のもつ合理性は「合法則的合理性」である。よって，「臨床心理学」においては，2種類の区別される「合理性」が同時に機能しているということになる。

　臨床心理学は，特定の個別の場と特定の個人であるクライエントと支援者からなる動的構造であることは，既に前章で述べた。この動的構造はその構成要素である2人以上の人間とその関係，そしてそれらを含む場からなるが，各々の要素と，要素間の関係，さらにそれらの基盤となる場は，それぞれ論理階型が異なっているので，単純に足し合わせることはできない。各要素の総和は動的構造の全体にはならない。また，個別の臨床実践においては，事象の再現性は確保されない。つまり一つひとつの実践はみな異なっており，全く同一の実践が繰り返されることはない。実践が必然的にもつこの性質は不確実性（uncertainty）と呼ばれる。さらに実践とは時間的な経過をもつプロセスであり，そのプロセスの要所で，何らかの臨床判断（clinical judgement），決断（decision making）を要求される。判断が行われる時には，複数の情報の把握が必要であり，そのような情報はそれぞれレベルが異なっている。それらを総合的に判断し，最良と考えられる行動選択を行うという作業は，決して単純な

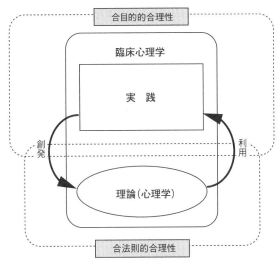

図2-2　実践科学としての臨床心理学のスキーマ

プロセスではない。このような実践は複雑性（complexity）を必然的に伴っている。

　上記のように，実践科学としての臨床心理学は，その中核に個別の実践を含むが故に，必然的に不確実性と複雑性をその特性として含んでいる。これに対して実践科学が利用する"科学"は，理想的には確実な再現性と予測可能性を目指すものであり，できる限り単純な因果性（causality）を前提としている。このように臨床心理学は，それ自体が不確実で複雑なものであることを前提として受け入れつつ，そのプロセスにおいてできる限り確実で単純な一般法則を目指す科学をも利用するものである（図2-2）。

2——臨床心理学的実践と質的研究の類似性

　再度，臨床実践という文脈における科学的研究のプロセス（科学の営み）を単純化して述べると以下のようになる。

科学の営みとは，生活世界における現象体験を基盤とした，理論生成とその検証（私たちが生きている現象界での出来事と，その理論がどのくらい適合しているか）のサイクルが作り出す，継続的で漸進的なプロセスである。[*6]

　上記のような「科学的な営み」の理解が妥当なものであると認めた上で，これを臨床心理学の現場に当てはめてみたい。臨床心理学における科学的な実践とは，実践の現場で体験される現象から仮説を生成し，その仮説が次の実践体験に妥当するかどうかを吟味しながら検証し，その経験に基づいて仮説を改変し，さらに精緻化していくという連続的なプロセスである。ここで強調しておきたいことは，このようなプロセスは，臨床実践の現場における研究のプロセスを描写するものであると同時に，個別の臨床実践（例えば，目の前のクライエントへの心理的支援）も同様のプロセスによって描写できるということである。
　以下，合成された架空事例の経過を材料に説明していく。[*7]

　「朝，研究室に行こうとすると，必ずお腹が痛くなり，トイレに閉じこもって出てくるまでに1時間以上を要してしまうので，思うように実験が進まない」という問題を抱えた理系大学院生のA君というクライエントが私の相談室に来談した。
　初回時の面談から，「A君の問題は『過敏性腸症候群』という図式で説明可能なのではないか？」という仮説が臨床家である私の頭に浮かび上がる。このような"仮説"は，一般に「鑑別診断」とか「見立て」とか呼ばれているものである。現代の医療行為の中核を占める「診断−治療」という図式をA君に当てはめるならば，私はA君の「困り事」を「過敏性腸症候群という"疾患概念"で説明できるのではないか」という"診断仮説"を立てることになる。それでは，この"仮説"はどのようにして"検証"されるのだろうか。通常次のステップは，「過敏性腸症候群の診断基準」の記述と，A君から聞き取った，あるいはA君を観察したり検査したりすることで得られる情報とを比較検討することになる。おおざっぱに言うと，A君の問題（症候）が，「明らかな器質的疾患が除外されているにもかかわらず長期間続く，便通の異常を伴う

腹痛」に当てはまるかどうかを吟味するのである。そのような作業の結果A君は，この「過敏性腸症候群の診断基準」を満たしているということが明らかになる。過敏性腸症候群の診断基準は，A君という個別の人間からは独立した"一般的な"基準であるから，A君という個別の現象を一般的記述と照合するという作業が，この場合"診断"あるいは"診断仮説の検証"と呼ばれることになる。しかし，これだけでは科学的な営みとしては不十分である。つまり，「科学的営みとは，仮説生成と検証の循環的・漸進的サイクルである」とするならば，上記のような，一般的範疇（カテゴリー）と個別現象を照らし合わせる，という作業は，科学的プロセスのごく一部にすぎない。

　A君の事例へ戻ろう。これまでの経験から，臨床家である私は，独自の"過敏性腸症候群の一般的図式"を頭の中にもっている。それをおおざっぱに表現すれば，「特定の体質的背景と特定の環境の組み合わせにおいて生じる，身体症状と不快な情動が形成する悪循環」ということになる。もう少しわかりやすく言うと，「もともとお腹の弱いA君が，研究室というストレスフルな環境下にいて，状況をマネジメントすることが困難となり，『体調が悪いと気分が滅入る。気分が滅入ると体調がますます悪くなる』という状況に陥っている」と考えるわけである。初回時の面談から，私はA君の困り事は，この図式によって説明可能であると感じていた。これは，また1つの"仮説生成"である。その仮説から導き出される"対処方法"は1つには定まらない。悪循環を緩和するような働きかけは，全てA君の困り事の解消に益する可能性がある。そもそも，定期的な面談を約束するということ自体が，A君の不安感や孤立感を和らげ，悪循環を緩和する可能性がある。このような対処法が有効であったかどうかの検証を，「数値化して量的に」行うか，「対話により質的に」行うか，は，科学的に見れば，どちらもありということになる。したがって，初回の面談の終了時に，第2回目の面談を予約すること，次回の面接の冒頭に「その後，どうですか？」と尋ねることなどは，それ自体が上記のような仮説を"検証"する作業の1つということになる。

　A君の場合，少なくとも上記の「悪循環を和らげるような面接構造をつくるだけで問題が軽減する」という"仮説"は，十分には検証できなかった。休日の体調や気分はかなり回復したが，やはり実験のある日の朝になると腹痛が起こり，研究に復帰することはなかなかできない状況が続いた。そこで私は，"悪循環仮説"は，検証の結果捨て去られるのではなく，さらに"悪循環の特定のプロセスに焦点化した介入"を加えることが必要なのではないかという"改良された仮説"に変更する必要があると考えた。そこで，本人と相談の上，私との面談と並行して，認知行動療

法の専門家である同僚Ｂ臨床心理士に依頼し,「行動を活性化しつつ予期不安に向き合う」という方略で介入をしてもらうことになった。

　Ａ君は,「今までは『できるだけ無理をしないように』と言われていたのに,今度は『不安から逃げずに立ち向かう』という方針を説明され,全然違うので混乱した」と語ったが,状況を打開するために行動する必要は十分に理解していたので,Ｂ臨床心理士の指導に従って曝露法を中心とした認知行動療法にチャレンジすることを受け入れた。

　しかし残念ながら,不安への曝露を中心とするアプローチは効を奏さなかった。認知的には理解できても,不安の身体化と思われる腹痛などの症状が強すぎるために,結局研究室に戻ることはできないという状況が続いた。そしていよいよ,このままでは卒業できないという瀬戸際まで追い込まれた時,Ａ君は自主的に指導教員に全てを相談するという行動に出た。その結果は劇的なもので,指導教員はＡ君の状況をよく理解してくれ,別の研究室への移籍をアレンジしてくれた。研究室を変わったＡ君の身体症状と不安は劇的に改善し,Ａ君は研究にやりがいをもって取り組むことができるようになった。その後問題は再発せず,自分と似たような状況で苦しむ後輩たちへの積極的な支援者の役割を果たしていることが語られた。

　Ａ君の事例の全体像については,本来は詳細な検討が必要なのであるが,ここでは１つの事例の経過における「仮説と検証のプロセス」という観点から簡略に考察する。Ａ君への臨床心理学的支援において,支援者は,要所,要所で暫定的な仮説を生成しながら,対処法を選択し,その介入や支援が有効に機能しているかどうかを検証する作業を繰り返した。もちろんこのようなプロセスは,常にＡ君との対話を通じて共同選択されたものである。しかしその経過は満足のいくものでは全くなく,むしろ本人も支援者も"どんどん追い込まれていく"という状況に陥った。最終的に,事態を劇的に好転させたのは,治療者がＡ君に"与えた"戦略ではなく,Ａ君自身が"自発的に"行動選択した「環境への働きかけ」であった。

　Ａ君の事例の経過を「仮説の生成と検証の連続的プロセス」と考えると,このプロセスは単純なものではなく,複雑で重層的で,一部はパラドキシカルとしか言いようのない様相を呈していることが見て取れる。最終的に,Ａ君の

問題解決に直接的に貢献したのが,「環境が変わる」ことであったのは明らかであり,「支援者が,最初から環境を変えるように働きかけていれば,もっと早く問題は解決しただろう」という見解を否定することはできない。事例研究における仮説検証は,「実際に選択した事象」を検証することはできるが,「選択しなかったプロセス」を検証することはできない。これは,「研究者自身がその世界の中で活動する自然観察研究」であることによって生ずるやむを得ない限界である。事例研究が「実験的に統制された比較対象」を設定することができないという限界は,臨床における「常にクライエントにとってその時点で最良と思われることを選択する」という倫理的要請によるものである。

　しかし,だからと言って事例研究において,"仮説検証"が全くできないというわけではない。改めて全体の経過を俯瞰的に見るならば,A君の心理治療の経過は,比喩的に言えば「一種のイニシエーションの過程」をとっていることが見て取れる。A君のみならず,支援者もまた,「それまでの古い物語」の破綻を受け入れ,「出口の見えない苦難」を共有し,そこから,何らかの契機によって新しい物語を獲得するというプロセスを共有している。そう考えると,A君の心理治療過程を描写するというこの研究の"事例の範囲"は,A君という個人に限定されてはいない。むしろA君と私,同僚のB臨床心理士,指導教員,家族,A君の後輩たちといった複数の人を含み,それを包み込む"場"こそが,事例であったと考えられる。

　このように,個別事例の治療過程において,最初に生成される暫定仮説は,何度もの検証を経て,仮説自体が大きく変容し,最終的には「より大きく,包括的で,重層的な仮説」へと拡張されていく。このようなプロセスは,もはや仮説検証という言葉で表現することは適切ではない（しかし,仮説検証という言葉が全く当てはまらないわけでもない）。それは,臨床心理学的実践の過程において刻々と起こるできごとのシークエンスをつなぎ合わせつつ意味づける,最初は比較的シンプルな「物語」から出発し,その都度書き換えられつつ重層的に展開し,とりあえずの終結へと向かう,ロンド形式の変奏曲のようなプロセスとして描写される[*8]。個別の事例という意味で,それは限定的なものであるが,その多層性,重層性が描き出された壮大な変奏曲は,より抽象化され明晰なものへとまとめられれば,それは次なる実践や他者による実践への転移可能

性（transferability）をもった新たな仮説となる。よって，科学的な営為である仮説検証の漸進的なプロセスと，新たに役立つ知識資産の産生と，物語の発展的な展開とは，同じものを違う文脈から表現しているものに過ぎないということになる。

改めて言うと，私たちが生きている現象世界においては，理論は常に発展途上であり，究極の真実に到達するということはおそらくない。したがってその意味からは，理論と仮説は同義であり，仮説の生成と検証は，直線的で完結するプロセスではなく，循環的に発展する1つのサイクルである。このような意味では，臨床心理学的実践のプロセスは，そもそも科学的な探究の営為であると考えることが可能であり，実践から独立した科学や科学的研究があるわけではないと言えるだろう。

註 ●●●●●

*1 アリストテレス（著）出　隆（訳）(1959)『形而上学〈上〉』岩波書店　第6巻

*2 もちろんこれは，ニュートン物理学までの古典的物理学においては，ということであり，相対性理論や量子力学では，このような単純な線形因果論は当てはまらない。

*3 以降の考察は，次のナシア・ガミーの著書にある精神医学の文脈における科学哲学的考察に多くを負っている。
Ghaemi, S. N. (2006) *The concepts of psychiatry: A pluralistic approach to the mind and mental illness*. Johns Hopkins University Press.（村井俊哉（訳）(2009)『現代精神医学原論』みすず書房）
また，ポパーとクーンの論争をはじめとする，科学哲学的論争の全体像について説明することは，本書の目的を超える。パースの「仮説生成法（abduction）」については以下を参照のこと。
Peirce, C. S.（著）伊藤邦武（訳）(2001)『連続性の哲学』岩波書店
また，クーンのパラダイム論については以下を参照のこと。
Kuhn, T. S.（著）中山　茂（訳）(1971)『科学革命の構造』みすず書房

*4 斎藤清二 (2009) 実践と研究——質的研究と量的研究　村瀬嘉代子・岸本寛史（編）『対人援助の技とこころ——心理療法再入門』金剛出版　pp.29-34.

*5 抱井尚子 (2005) ポスト論理主義モデルの批判的思考とその実現形態について——補

完代替療法の使用をめぐる医療的意思決定からの考察　『青山国際政経論集』66,
　　　71-110.

＊6　臨床心理学の研究法における量的研究と質的研究の関連については，第7章において
　　詳しく論じられる。

＊7　以下の架空の事例を題材とした論考は，以下の文献において論じた内容の一部を改変
　　したものである。
　　斎藤清二（2014）事例を通した仮説生成と検証　森岡正芳・大山泰宏（編）『臨床心
　　　　理職のための「研究論文の教室」――研究論文の読み方・書き方ガイド』　金剛
　　　　出版　pp.128-134.

＊8　個別事例への心理療法のプロセスを総合的に表現するとどうなるか？　言葉を変える
　　と，臨床心理学的支援とはいったい何をしているのか？　という問いへの解答はどの
　　ようなものであるのかについて，河合隼雄は自身が治療したある高校生についての事
　　例研究において「それはロンド形式の音楽のようなものである」と表現している。斎
　　藤はこの河合による事例研究について，質的研究の観点から考察している。以下を参
　　照のこと。
　　河合隼雄（1974/1986）夢分析による学校恐怖症高校生の治療例『臨床心理事例研究』1,
　　　　3-12（『心理療法論考新曜社』pp.288-296 にも所収）
　　斎藤清二（2008）事例研究という質的研究の意義『臨床心理学』8（1），27-34.（斎藤
　　　　清二（2013）『事例研究というパラダイム――臨床心理学と医学をむすぶ』　岩崎
　　　　学術出版　pp.49-62. にも所収）

補論2

臨床心理学における3つの立場
―― 専門図式の観点から ――

　第1章において触れたように，臨床心理学あるいは臨床心理学的実践を構成している複数の立場をどのように理解するかは難しい問題である。一般にこのような「立場」は「学派あるいは学範（discipline）」と呼ばれている。各々の学派は「理論」「方法論」「技法」などを含む一種の複合体であり，クーンのパラダイム論を拡張するならば，それぞれを異なった「パラダイム」と呼ぶことは可能である。クーンは「パラダイム」という概念を後年，「専門図式（disciplinary matrix）」という名称に読み替えることを提唱していた。異なるパラダイムにおいては「共通言語」が存在しないために，そもそもお互いを理解することもできず，有効な議論を行うこともできないという原則は，確かに臨床心理学の現状と一致しないとは言えない。

　しかし，おそらくこのような捉え方は，現実を誇張しているようにも見える。それぞれの異なる学派には共通点も多く，各学派の内部にも多様性がある。第2章で触れたように，各々の学派を「理論」「方法論」「技法」等を備えた専門図式のセットと考えることによって，いずれかの学派が正しくて別の学派は誤っているというような捉え方ではなく，併存する異なるセットをどのように選択したり架橋していくかという実用的な視点をもつことができるようになる。

　そこで，本補論では，臨床心理学における代表的な3つの立場のそれぞれを「基本となる理論」「理論を支える認識論」「主な方法論」「技法（道具）」の4つの次元からなる「専門図式」として整理し，メタ・パラダイムの視点から全体を理解することを試みる。なお，そもそも学派の数を3つとすることには無理があり，かなり強引な整理の仕方になるが，この点には理解をいただきたい。実際のところ，本書では詳しく触れられていないが，近年になって提唱されそれなりに有用性が認められつつある新しいアプローチのほとんどは，多かれ少なかれ，3つの立場のうちから複数の方法論や技法を選択的に採用し，組み合わせて用いている。

　以下に，4つの次元とは何かについて簡単に説明する。

【理論的次元】
　その学派は，こころの構造や成り立ちをどのように説明しているのか，治療や支援の対象となる問題はどのように理解されており，それはどのような構造やプロセスとして定式化できるのか，についての説明図式。各学派の特徴や相違の中核となるのはこの理論的次元である。

【認識論的次元】
　その学派は，世界をどのように理解しているのか，その世界において「何かが存在する」ということはどういうことで，「何かを知る」ということはどのようなことであるのかについての観点（perspective）。通常は意識化されていないことが多い。1つの学派の中に複数の異なる認識論的次元が存在していることは珍しくない。

【方法論的次元】
　その学派における実践が，どのような方法を通じてなされるのかについての説明図式。複数の学派がよく似た方法を採用しているということはしばしば見られるが，多くの場合異なった理論によって説明されている。

【道具的次元】
　その学派の治療や支援の方法において，具体的に利用されている技法や道具のリスト。複数の学派において同じ，あるいはよく似た道具が採用されていることはむしろ一般的である。

●認知・行動主義（cognitive-behaviorism）

　認知・行動主義の単純な要約は，表2-1のようにまとめることができるだろう。
　認知・行動主義は，理論レベルでは，行動理論と認知理論の集合体である。行動理論は学習理論をその基本としている。1950年代にワトソン（Watson, J. B.）らによって，それまでの精神分析を主流とする臨床心理学のあり方に異が唱えられ，実証主義的な学習理論に基づく，行動科学，行動心理学が提唱された。学習とは「経験によって生じる比較的永続的な変化」，あるいは「個体が環境との相互作用の中で比較的永続的な行動傾向を身につけるプロセス」と定義される。学習を構成する主たるメカニズムは，レスポンデント（古典的）条件づけ，オペラント条件づけ，そして近年第三世代行動療法によって提唱されるようになった関係フレームづけの3つの機序である。この3つの機序を把握・操作することで，人生におけるより良い行動パターンを生成・強化すること

表2-1 認知・行動主義（Cognitive-Behaviorism）

目標とするビジョン	思い込みから自由になり行動的QOLを高めること
基本となる理論	学習理論，情報理論
理論を支える認識論	実在主義（positivism）（第一，第二世代） 機能的文脈主義（functional contextualism）（第三世代）
主な方法論	心理教育，協同実証的対話，ケースフォーミュレーション，課題投与（宿題），環境調整など
用いられる技法（道具）	曝露法，認知再構成法，マインドフルネス瞑想法，他多数
重要な人物	ワトソン，ウォルピ，スキナー，ベック，エリス，カバットジン，ヘイズ，リネハンなど

が行動主義の目的である。

不安症や戦争神経症に対する第一世代の行動療法的技法を確立したのは，系統的脱感作を報告したウォルピ（Wolpe, J.）である。第一世代の行動療法は方法論的行動主義とも呼ばれ，この理論を支える認識論は，客観的に観察される事象のみを研究対象とする実在論と，客観的事実の観察から仮説を生成し検証するという実証主義である。

スキナー（Skinner, B. F.）は，行動を個人と環境の相互交流によって生じるものとみなす徹底的行動主義と呼ばれる立場を主張した。徹底的行動主義は言語行動や思考，感情などの客観的には観察できない事象も行動に含める。徹底的行動主義は後に臨床行動分析へと発展し，認識論的には実在論とは距離を置き，ものごとを「文脈の中での行為（act in context）」として捉え，「予測かつ影響に役立つことを"真理"とする」という実用主義的（pragmatic）な世界観である機能的文脈主義を採用するに至った。2つの行動主義はともに学習理論を基本に置く点では共通しているが，認識論的基盤を一部異にしていると言える。

1970年代に，心理学に認知革命と呼ばれるムーブメントが起き，臨床心理学の世界でもそれまでの学習理論があまり扱ってこなかった人間の内側の世界に焦点を当て，人間（有機体）の中で進行している認知の過程（主として思考）についての仮説モデルを生成し，その妥当性や有効性を実証主義的に検証していくという情報理論に基づく認知パラダイムが確立していった。認知に働きかけることによってクライエントの抱える問題（うつや不安など）にアプローチする認知主義的な心理療法は，ベック（Beck, J. S.）（認知療法）や，エリス（Ellis, A.）（論理・情動・行動療法）らによって提唱され，具体的な方法論が確立していった。認知主義的な心理療法は，人間の認知システムにおける，環境からの刺激に対する認知的評価を重要視し，認知（思考），感情（情動），行動，

身体反応が相互に影響しあうサーキットを形成すると考える。何らかの心理的問題においては，このサーキットに悪循環が生じているという点に着目し，その解消を図る。また認知（思考）には階層構造があり，中核的信念（スキーマ）→媒介信念（ルール・思い込みなど）→自動思考という三層構造が想定されている。

　方法論レベル・技法（道具）レベルでは，認知療法と行動療法は実証主義的な世界観を共通基盤としているために相性がよく，特に技法レベルでの互換や組み合わせが早期から行われ，認知行動療法（CBT）としてのパラダイムを確立していった。CBTは別名第二世代の行動療法とも呼ばれており，実証主義的な評価法による"エビデンス"の蓄積に積極的に取り組み，2000年代までに，科学的な臨床心理学的実践のスタンダードの地位を急速に獲得していった。

　一方で2000年以降に出現した第三世代の行動療法は，第一世代の行動療法，CBTの方法論，技法に加えて，独自の認識論的，方法論的な展開を見せている。その1つは，方法論および技法レベルにおけるマインドフルネス瞑想法を中心とする体験過程の取り込みであり，もう1つは前述したような認識論レベルでの拡張である。ヘイズ（Hayes, S. C.）らが提唱する臨床行動分析（アクセプタンス・コミットメント・セラピー：ACT）は，機能的文脈主義を認識論的基盤に据え，その実用主義的な認識論を通じて，実証主義（実在論を前提とする）と構成主義（現実は言語を通じて構成されるとする）の双方をそのパラダイムに取り込むことに成功している。

　認知・行動主義に属する心理療法（第一世代行動療法，CBT，第三世代行動療法）は，その方法論に共通点が多い。典型的な方法論を以下に描写する。まず，治療を始めるにあたってクライエントへの心理教育を必ず行う。セッションでの対話は「セラピストとクライエントが共同して科学的な探索を行う」という協同的実証主義と呼ばれる関係のもとで行われる。セラピーの実践はセッションの時間内だけではなく，セッションとセッションの間にクライエントが自主的に行うことが推奨される「宿題」「課題」が重要な位置を占める。治療プロセスのアセスメントと方針の策定のためには，ケースフォーミュレーションと呼ばれる事例分析が行われる。また，クライエント個人に働きかけるよりも環境に介入することによって，環境との関係の場の中での行動を変えていこうという方法も，特に応用行動分析，臨床行動分析においては焦点が当てられる。

　技法（道具）の次元では，クライエントの抱える問題や病態に応じて非常にたくさんの技法が採用される。これらの技法は，クライエントの診断や病態に応じてパッケージ化されている場合もあれば，個別のクライエントの状況に応じて即興的に組み合わせて用いられることもある。

　行動理論に基づく技法の中核は問題の症状を引き起こしている刺激に対する「曝露（エクスポージャー）法」である。曝露法は特に不安の治療における効果のエビデンスが強

固である。一方で苦痛を回避させずに直面化する技法であるために，クライエントの協力を得たり，自発性を確保したり，さらには急激な曝露による症状の悪化を防止するために，セラピストには高度の臨床技能が要求される。

認知理論に基づく技法も多数あるが，その中核は，非適応的で融通の利かない認知のパターン（信念）を，より柔軟で状況適応的な認知のパターンに変容させることを促す「認知再構成法」である。より適応的な認知への変容が達成されると，感情，行動，身体反応などの複数の要素の相互関係が変化し，それが症状の緩和や，より適応的な生活への変化を引き起こすことが期待される。認知の変化をより効果的に引き起こし，変化の持続を確実なものにするために，認知的技法と行動的技法は積極的に組み合わせて用いられる。強迫性障害に対する曝露反応妨害法などはその典型例である。

近年では，認知変容，行動変容を積極的な技法的介入によって引き起こそうとすることの限界も指摘されるようになり，第三世代の行動療法では，東洋的な瞑想法から発展したマインドフルネス系の技法を積極的に治療に取り入れるようになってきた。マインドフルネスを最初に認知行動療法に取り入れたのは，カバットジン（Kabat-Zinn, J.）である。弁証法的行動療法を提唱したリネハン（Linehan, M. M.）も，マインドフルネスを主たる技法として取り入れている。もともとは実証主義的な認識論とは異なる世界観（仏教）から発達してきた技法ではあるが，実証主義的な検証にも耐える工夫がなされ，研究によって支持された技法（research-supported treatment）として定着しつつある。

認知・行動主義が目標とするビジョンは，人間を不自由にしている硬直した認知（思い込み）から自由になり，その人の人生にとって適切で有益な柔軟性のある行動のパターンを獲得すること（行動的QOLを高めること）であると言えるだろう。

●深層心理学（depth-psychology）

深層心理学の単純な要約は，表2-2のようにまとめることができるだろう。

臨床心理学の歴史を見ると，その出発点を基礎心理学に求めるのか，精神分析（psychoanalysis）を代表とする深層心理学に求めるのかによって，その全体像の理解は大きく異なってくる。しかし，19世紀の後半にフロイト（Freud, S.）によって打ち立てられた精神分析が，精神医学と臨床心理学における大きな1つの潮流となり，20世紀半ばまで主流の位置にあり続けたことは否定できない。アイゼンク（Eysenk, H. J.）による精神分析への批判に典型的に見られるように，行動主義は精神分析への対抗という立場を一貫して打ち出していたし，認知療法のベック，エリス，来談者中心カウンセリングの創始者ロジャーズ，ゲシュタルト療法のパールズなど，いわゆる"心理療

表 2-2 深層心理学（Depth-Psychology）

目標とするビジョン	意識と無意識の有益な交流を促進すること
基本となる理論	精神分析学，対象関係論，分析心理学，個人心理学など
基盤となる認識論	構造主義（structuralism） 多元主義（pluralism）
主な方法論	自由連想法，治療的会話，遊戯療法，表現療法など
用いられる技法（道具）	転移解釈，直面化，傾聴，夢分析，箱庭，描画など
重要な人物	フロイト，アドラー，ユング，ラカン，アンナ・フロイト，クライン，ウィニコット，ビオン，河合隼雄など

法の巨人たち"のほとんどが，自身のキャリアの初期に精神分析の訓練を受け，その限界を感じたことが新たな独自の心理療法の創設につながったということも事実である。それを信奉するにせよ，反抗するにせよ，精神分析自体が臨床心理学の世界において巨大な存在であったことは否定できない。

　しかし，現代において（さらには本邦における特殊事情をも考慮に入れると），精神分析を臨床心理学の包括的理論として無批判に位置づけることには無理がある。フロイトによって提唱された古典的精神分析理論と実践法を現在もそのまま行っている心理専門職は非常に少ないだろう。さらに，同じく深層心理学的なアプローチであるアドラー心理学やユング心理学は，認識論的にも方法論的にも，古典的な精神分析とは大きく異なっている。これらを「精神分析の下位分類」として位置づけることは，むしろ現実との乖離を大きくする。

　そこで本書では，臨床心理学における3つの大きな立場（discipline）の1つを，あえて深層心理学（depth psychology）と呼び，その中で直接的にフロイトの理論の流れをくむグループを精神分析（psychoanalysis）と呼ぶことにしたい。精神分析は，それ自体が理論，方法論，技法，さらには独自の訓練システムを含む1つの複合体であるが，現代における深層心理学全体をカバーするものではない。深層心理学を特徴づける理論は，「人間のこころは，意識と無意識の少なくとも2層の構造をもつ」ということであり，これ自体は全ての深層心理学において共通である。一般に「意識」とは，「自分自身である，あるいは自分自身と強く関連している」という認識が可能な「こころの一部分」である。これに対して「無意識」は，通常は自分では直接には知覚・認識できないものである。しかし，ここには論理的な矛盾が含まれており，意識によって知ることのできないはずの「無意識」を，私たちはどのようにして「知る」ことができるのか

という根本的な問題が生ずる。深層心理学が焦点を当てるのは，まさにこの「私たちは知りえないものをどうやって知るのか」という問題である。

　通常，深層心理学においては，「自分たちの学派はどのような認識論を採用しているのか」という議論はあまり発展していないように見えるが，あえて言えば，この「意識と無意識」の二重構造を前提とする認識論は，構造主義に近いと言えるだろう。構造主義は，表層に現れるもの（意味や価値や行動や現象）を規定するのは深層にある構造であるということをその主張の1つとするからである。なぜ，無意識が人間にとって重要かと言えば，それは「直接認識できないもの（当然自分ではコントロールすることのできないもの）が，人間に極めて大きな影響を与え，時には人間を支配する」ことが経験的事実だからである。したがってそこでは，必ず「意識と無意識の関係」が問題になる。両者が無関係であれば，一方が他方に影響を与えることは不可能だからである。深層心理学の共通の関心はこの「意識と無意識の関係」にある。深層心理学内での学派の相違は，1つは「意識と無意識の構造」についての理論的相違であり，もう1つは「意識と無意識の関係をどう扱うか」についての方法論的相違であると言える。ここからは主として古典的フロイト派のモデルと，それとは異なる立場の代表としてのユング派（分析心理学）のモデルを例にとりながら解説していく。

　フロイトが述べた意識と無意識の構造について，ごく簡単に要約すると以下のようになる。こころは，大きく意識（自我＝ego=Ich）と無意識に分けられ，無意識は自我に命令し，自我を検閲する超自我（super ego=Über-Ich）と，抑圧されて無意識の中に押し込められた欲求や欲望などの心理的エネルギーの集合体であるイド（ido=Es）に分けられる。元々のドイツ語から考えると，フロイトは「こころ」を「私」，「それ＝私ではないもの」，「私の上位にあるもの」の3つの層として構造化したと考えられ，これは非常にわかりやすい。

　意識と無意識の関係でみると，無意識に属する「超自我」が「イド」を抑圧という防衛機制を用いて無意識に押し込めるという関係が想定されており，これらの構造が形成されるのは幼児期から青年期にかけての周囲の人々（主として両親）との経験によると想定した。自我は主として個人の内的構造と外界を調整することを役割としており，無意識界における超自我とイドとの抗争を自我が調整できなくなった時に精神的な問題が起こる。したがって治療の目標は，無意識界での状況を自我が理解する（洞察する）ことによって，自我の調整機能の回復を目指すということになる。このような考え方は，フロイトの死後，娘であるアンナ・フロイト（Freud, A.）によって受け継がれ，その後継者たちは「自我心理学派」と呼ばれ，米国を中心とする精神分析における主流となった。

　一方で，幼児期早期の発達段階における「こころの構造の形成」に独自の理論モデル

を導入したのがメラニー・クライン（Klein, M.）である。クラインは，幼児期におけるこころの発達を，重要な他者との関係（≒対象関係）によって規定されるものとして，妄想／分裂態勢から抑うつ態勢への移行として説明した。クラインの考え方を受け継ぐ人たちは「対象関係学派」と呼ばれ，主として英国を起点として，特に小児への精神分析的なアプローチとして発展した。

さらに，このどちらにも属さない集団として，「移行空間」「移行対象」などの概念を提唱したウィニコット（Winnicott, D. W）を代表とする独立学派が存在する。

このように，精神分析は，フロイトの死後少なくとも3つの学派（自我心理学派，対象関係学派，独立学派）に分裂し，さらにフランスで独自の理論を打ち立てたラカン（Lacan, J.）などを含めて，現在では理論的に対立する複数の学派が併存する状況となっている。

ユング派の理論をフロイト派との相違点を強調しながら述べる。まず，こころの構造について，ユング派は，自我（意識）－個人的無意識－集合的無意識の三層構造として理解する。このような構造が構成され発展する過程については，生得的（生物学的）なレベル，集合的・文化的なレベル，個人的経験のレベルの多層構造を仮定し，それぞれの層において複数の要因とその関係が複雑に絡まり合っていることを想定し，その総体が個人において総合的に表現されると考える。フロイト派が，個人に発現する問題や病理を主として幼児期の体験に還元し，因果論的に解釈しようとするのに対して，ユング派はそれを多元的・総合的に把握しようとする。ユング派理論のもう1つの特徴は，人間の人生の過程が，無意識から切り離された意識の中心である「自我＝ego」が，無意識の中のさまざまな要素との交流を通じて，しだいに全体的な「自己＝self」に向かって実現していこうとする1つのプロセスとして想定されていることである。これは「個性化の過程（individuation process）」と呼ばれ，このような個から全体へと向かう自己実現的なプロセスが，心理支援のプロセスと同型性をもつと仮定されている。

方法論レベルにおいては，深層心理学全体に共通の独自の方法論を見出すことは困難である。フロイト派精神分析を特徴づけるのは寝椅子を用いた自由連想法であり，1回50分程度のセッションを理想的には週に4回以上行うとされているが，このような方法に忠実に従っている心理専門職は現在ではほとんどいないと思われる。精神分析の理論を取り入れた心理療法は，精神分析的心理療法あるいは精神力動的心理療法と呼ばれるが，これらの心理療法は，方法論的には一般的なカウンセリング，あるいはユング心理学やアドラー心理学，さらには認知行動療法で採用されているものと大きな相違はない。それらは基本的には，定期的に行われる治療的対話であり，寝椅子などの特殊な道具を用いることのない対面での面接である。言語的対話による治療が困難な小児等に対しては，プレイルームにおける遊戯療法や，箱庭療法，描画やコラージュなどを用いた

表現療法などが行われる。そのようなセッションの中で，治療者はそれぞれの深層心理学的理論に基づいて解釈（意味づけ）を行うが，その解釈の産物を治療の過程でどのように扱うかについては必ずしも統一された方法論があるわけではない。

　技法レベルで言うと，精神分析における中心的な技法は解釈投与による直面化である。クライエント自身の無意識と，治療者−患者間に生ずる転移（transference）を治療者が解釈（意味づけ）し，それをクライエントに伝えて洞察を促す。目指されているのは「無意識の意識化」である。もちろん原理的には患者は自身の無意識を直接認識することはできないので，解釈投与に対して必ずしもすぐに自己洞察が得られるとは限らず，治療者の解釈を受け入れることへの「抵抗」が生ずる。この「抵抗」も解釈の対象となり，解釈投与を丁寧に辛抱強く繰り返すことによって，しだいに患者の洞察が進展することが，古典的な精神分析が目指す治療過程ということになる。

　ユング派の技法，特に河合隼雄が導入し，本邦で広く受け入れられているアプローチはこれとは全く異なっている。そこでは，技法としての解釈投与はほとんど行われない。むしろ解釈投与をあえて行わないことが技法的な特徴であると言ってもよい。話題として，日常のできごとや，その時々の感情，ファンタジーなどについてクライエントが語りたいことを自由に制限されることなく語ることが保証され，それらは全て丁寧に傾聴される。時にクライエントは夢を報告することを促されるが，夢も1つの語りとして扱われ，丁寧かつ共感的に聴き取られるが，あえて解釈を投与されることはない。

　このような方法論，技法が，何を目標としているのかについては，これまであまり説明がなされてこなかった。再度繰り返すと，深層心理学派が共有しているのは，人間は"私"として自覚可能な意識レベルと，"私"には意識できない無意識のレベルの，少なくとも2つの層構造からなっており，この2つの層の間に断裂や回避などの不十分な関係が存在していることが病理や問題を引き起こすとする人間観である。深層心理学が目指しているのは，この人間にとって必要不可欠な意識と無意識のこころの構造間の好ましい交流を保つ（あるいは回復する）ことであり，そこには意識と無意識の交流こそが人間が病いから回復したり，さらには現在の自分を超えて全体的な存在へと成長していくために必須のことであるという確信がある。

● 人間性心理学的アプローチ（humanistic psychological approaches）

　人間性心理学的アプローチの単純な要約は，表2-3のようにまとめることができるだろう。

　本書の最初に述べたように，臨床心理学的実践における立場を強引に3つに分けるということにはそもそも無理がある。認知・行動主義，深層心理学と並ぶ第3の領域

補論2　臨床心理学における3つの立場

表2-3　人間性心理学的アプローチ（Humanistic Psychological Approaches）

目標とするビジョン	自己実現を信頼しその過程を促進すること
基本となる理論	自己理論，システム論，物語論など
基盤となる認識論	実存主義（existentialism） 現象学（phenomenology） 構成主義（constructivism/constructionism）
主な方法論	カウンセリング，エンカウンターグループ，フォーカシング，ゲシュタルト療法，システム論的家族療法，短期療法，ナラティブ・セラピーなど
用いられる技法（道具）	傾聴，共感的理解，質問技法，逆説的介入，リフレーミング，外在化技法など
重要な人物	ロジャーズ，パールズ，ジェンドリン，ベイトソン，ホワイトなど

としてここで取り上げるのは，1960年代の米国において生じた，ヒューマン・ポテンシャル運動と深い関連をもって発祥・発展した一連のムーブメントをその源流とするさまざまなサイコセラピー群を総称したものである。その代表的なものとして，ロジャーズ（Rogers, C. R.）によって提唱され，発展した来談者中心療法の大きな流れがある。

ロジャーズのカウンセリングの基本となる理論は自己理論（self theory）である。非常に簡略に言えば，自己概念と体験が一致することが人間の理想であり，真の自己として実現することであるとする考え方である。自己概念と体験の不一致がさまざまな不適応や病理をもたらし，カウンセラーの役割はこの概念と体験の一致を促すことである。ロジャーズのカウンセリングは，初期には「非指示的カウンセリング（non-directive counseling）」，中期には「来談者中心療法（client-centered therapy）」，晩期には「人間中心アプローチ（person-centered approach）」と名称を変えた。まず初期には，カウンセリングの基本的態度である「無条件の肯定的関心」や「繰り返し」，「感情の反映」などの技法的な側面が強調された。中期にはクライエントの成長と変容を促すための，治療者側の条件が明確化され，その中心には「治療者の自己一致」が置かれた。晩期には，何ものにもとらわれない，実存としての人間のぶつかり合いが強調された。これらの概念や理論は本邦にも早期に取り入れられ，特に非指示的な面接のテクニックは，広い範囲に影響を及ぼした。米国においては，医療コミュニケーションなどの関連領域にも広く浸透し，現代の医療面接の基本的考え方はロジャーズの来談者中心カウンセリングの考え方に強い影響を受けている。

この時代には精神分析も行動療法も，主体としての治療者が対象としての患者（クラ

45

イエント）を治療する，という父性主義的な治療観を採用していたのに対し，人間性心理学的アプローチの共通点は，一人称の主体であるクライエント自身のもつ自己実現傾向に全幅の信頼をおくという点にある。そのような主体としてのクライエントの自己実現過程を援助，促進するためには，治療者との出会いが最も重要であり，治療者がどのような態度でクライエントに関わるかの重要性が強調された。また同時にクライエント自身が経験する体験過程こそが，自己実現の展開に最も重要な役割を果たすとされた。ロジャーズの理論を支えている認識論は，現象学と実存主義である。

　ロジャーズの共同研究者でもあったジェンドリン（Gendlin, E. T.）は，カウンセリングのプロセスにおいてクライエントが実際に体験している過程とは何かを明らかにしようとする中で，身体感覚に触れてそれに名前をつけるというフォーカシングという方法論を開発した。これはロジャーズの自己理論を実証的に発展させたものと言える。ゲシュタルト・セラピーを提唱したパールズ（Perls, F. S.）は，「今・ここでの体験過程」をセラピー・プロセスにおける最も重要なものと見なし，その体験をセラピー内で実現するためのさまざまな技法を編み出した。

　人間性心理学的アプローチのもう1つの大きな流れてとして，ベイトソン（Bateson, G.）によって提唱され，カリフォルニア・ムーブメントにおける学際的な交流を通じて主として家族療法の領域に取り入れられた，システム論を基盤とした心理療法の一群とその発展形としてのナラティブ・セラピーをこの領域の中に含めておきたい（もちろん家族療法は，人間性心理学的アプローチとは別の領域としてまとめられるべきだという考え方もあるだろう）。ベイトソンのコミュニケーション理論は，システム論と情報理論に加えて，独特の文脈理論を組み合わせた極めて汎用性の高い壮大な理論である。心理療法にいち早くベイトソンの考え方を取り入れたのは家族療法である。これは，それまでの個人に焦点を当てた心理療法群に認識論的大転換をせまるものであった。システム論や文脈主義を取り入れた家族療法は，さらにさまざまな方法論や技法を産み出していったが，1990年代に今度はその家族療法においてナラティブ・ターン（物語論的転回）と呼ばれるさらなる認識論的展開が起こった。ナラティブ・アプローチは，これまでの家族療法の，治療者vsクライエント（あるいは治療者集団vs家族システム）間に見られた権力勾配を逆転させ，「クライエントこそが自分の問題の専門家」という視点を主張し，家族療法の範囲を超えて，深層心理学，新しい認知行動療法の一部とも共通点と連携点を見出しながら現在に至っている。

　ベイトソンからナラティブ・セラピーに至る多彩なセラピーの理論を下支えしているのは，要素還元主義的な線型因果論に対抗する世界観であり，その最も典型的なものは，「現実は（主として言語を用いた社会的な）コミュニケーションによって構成されている」とする構成主義的な世界観である。関係性やコミュニケーションから出発し，要素還元

主義を超えようとするこれらの理論・方法論は，多元主義的かつ総合的な世界観を背景にしつつ，具体的な現場での体験的な実践課程をも説明し下支えできる，多様な理論・方法論を産み出し続けている。

　人間性心理学的アプローチの技法は，各々の方法論に応じて実にさまざまなものが編み出されてきた。それらの技法は，複数のセラピーによって共通して用いられるものもあれば，各々のセラピーに特異的なものもあるが，それら全てに共通するものは，クライエント自身の体験の最重視と尊重である。技法はあくまでもクライエント自身の（あるいはクライエントとセラピストの関係において浮上する）体験を保証したり促進したりするために用いられる。ロジャーズ自身は，カウンセリングにおける技法的な側面を重視しなかったが，結局のところ，クライエントの自己実現に役に立つ関係性の技法を自由に用いていたということもできる。徹底的な傾聴，感情への焦点化，語りを引き出し気づきを促す質問，リフレーミングやメタファーの使用，悪循環を逆回りさせるための逆説的介入，体験過程を浮上させるためのさまざまな働きかけなど，全ての技法は，クライエントとセラピストの出会いにおいて，クライエント自身のもつ自己実現能力への全幅の信頼のもとに，真の体験によって生じる変容を促進するために用いられるのである。

●●●●● 参考図書 ●●●●●

『はじめて学ぶ行動療法』　三田村仰（著）金剛出版　2017 年

『新版 心理療法論考』　河合隼雄（著）河合俊雄（編）　創元社　2013 年

『臨床心理学』　丹野義彦・石垣琢麿・毛利伊吹・佐々木　淳・杉山明子（著）　有斐閣　2015 年

『精神と自然：生きた世界の認識論』　グレゴリー・ベイトソン（著）佐藤良明（訳）　新思索社　2006 年

『ナラティヴ・セラピー：社会構成主義の実践』　シーラ・マクナミー＆ケネス・J・ガーゲン（著）野口裕二・野村直樹（訳）　遠見書房　2014 年

第3章
エビデンスに基づく実践

　科学の観点から臨床心理学を論じる時，頻繁に口の端に上る言葉が「エビデンス（evidence）」である。しかし，現状においては，「エビデンス」や「エビデンスに基づく実践」をめぐる言説は往々にして混乱している。本章では，臨床心理学におけるエビデンスと，エビデンスに基づく実践（Evidence-Based Practice: EBP）の概念について整理し，それがどのように「実践科学としての臨床心理学」の中に位置づけられるのかに焦点を絞って論じたい。

　「エビデンス」という言葉は，日本語では「証拠」とか「根拠」などと訳される一般的な用語である。しかし，医学において1990年代以降，「エビデンスに基づく医療（Evidence-Based Medicine: EBM）」という概念が普及して以来，「エビデンス」あるいは「エビデンスに基づく」という言葉は特定の意味をもつようになった。このような文脈における「エビデンス」は，「臨床判断のために用いられる科学的な研究成果についての情報」と定義される。

　本章では，まずEBMについての基本的事項を再確認した上で，2006年に米国心理学会（APA）が提唱した「心理学におけるエビデンスに基づく実践（Evidence-Based Practice in Psychology: EBPP）」について解説し，最後に臨床心理学における現時点でのEBPの位置づけ，そして臨床心理学領域における「エビデンス」の現状について述べる。

1. エビデンスに基づく医療（EBM）

EBMという概念が正式に医学の世界に登場したのは，ガイアット（Guyatt, G. H.）によって *ACP Journal Club* に掲載された1991年の論文においてである[*1]。この小論文は以下の書き出しで始まる。

> ある（女性）内科医が，倦怠感を主訴とする70歳の男性患者を診察した。初診時の血液検査で血清ヘモグロビン濃度は9mg/dlであった。内科医は鉄欠乏性貧血を疑った。さて，それに引き続いて彼女はどうしただろうか？

このように典型的な物語的形式でこの論文は始まり，架空の2つの対極的な診療のパターンを描写することによって，ガイアットはこの後の医学のパラダイムを根本的に変化させるほどのインパクトを与えることに成功した。それまでの古い診療パターンでは，若い医師や学生は指導医や先輩といった権威者の経験や（いまだ実証されていない）理論に基づく指導や推奨に従って臨床判断を行うのに対して，新しいパラダイムにおける医師は，患者の問題を定式化し，その問題を解決するために適切な情報を与えてくれる研究論文（これがエビデンスと呼ばれる）を収集し，定められた手法によって情報を批判的に吟味し，その情報が目の前の患者に適用できるかどうかの判断を行う。この手順にそって行われた臨床判断とその実行は，批判的・反省的に評価されて，次の新たな実践に活かされる。この新しい臨床医学のパラダイムは「Evidence-Based Medicine: EBM」と名付けられた。EBMにおけるこのような手順は次の5つのステップとして定式化されている。

　　ステップ1：患者の問題の定式化
　　ステップ2：問題についての情報収集
　　ステップ3：得られた情報の批判的吟味
　　ステップ4：得られた情報の患者への適用
　　ステップ5：これまでの実践の評価

また，患者の問題（臨床疑問）は以下のように構造化される。

1. どんな患者に（Patient: P）
2. 何をすると（Exposure: E または Intervention: I）
3. 何と比較して（Comparison: C）
4. どうなるか（Outcome: O）

ガイアットは，このような「新しい臨床医学の実践様式」を，Scientific Medicine（科学的医療）と命名するつもりであった。しかし，この名称は同僚を含む多くの医師や科学者からの反対を考慮して採用が断念された。もしEBMを「科学的医療」と呼ぶならば，それまでの医療は全て「科学ではない」「非合理的な」実践であったということになってしまう。それでは多くの人が納得しないだろうと考えたのである。

現在でもEBM実践のバイブルとなっている『JAMAユーザーズガイド』[*2]におけるEBMの哲学的背景の章において，ガイアットらはEBMの基本的な2つの原則を以下のようにまとめている。

> 患者のケアへの個別のアプローチとして，EBMには以下の2つの基本的原則がある。第一に，EBMは臨床判断を導くためにエビデンスの階層（hierarchy）を認める。第二に，エビデンス単独では十分な臨床判断を行うことは決してできない。臨床判断を行う者は常に，代替のマネジメント戦略との間で，その利益と，害，不便さ，コストを比較しなければならず，それと同時に，患者の価値観と選好を考慮しなければならない。　　　　　　　　　　　　　　　　　　　　　　（p10）

この第一原則は「エビデンスそのものの評価」に関わり，第二原則は，「エビデンスをいかに患者ケアに利用するか」に関わる。このEBMの二層構造は，サケット（Sackett, D. L.）らの有名な論文における EBM の定義:「EBMとは，個々の患者のケアにおける意思決定のために，最新かつ最良のエビデンスを，一貫性をもって，明示的に，思慮深く用いることである」[*3]においても明確

に示されている。つまり，エビデンスとはEBMにおいて用いられる情報であり，EBMとエビデンスは異なる論理階型に属する。EBMは「個々の患者のケアのための臨床判断のプロセス」であり，エビデンスはそのプロセスにおいて利用される「科学的な情報」である。オリジナルのEBM言説において，この点の区別は明確なものである。

エビデンスは，実証主義的な科学観に従い，できる限り厳密な統計学的な方法論を用いた実験的あるいは準実験的なデザインによって作成され，研究論文として具体化される。報告された論文の質は，同じ原則に従う批判的吟味（critical appraisal）の方法によって評価され価値づけられる。エビデンスの作成と吟味において働いている合理性は，前章で論じた「合法則的合理性」である。研究者と研究対象は分離され，その成果であるエビデンスは，一般化可能性（generalizability）をもつことが要求される。

しかし，EBMそれ自体はエビデンスとは異なる科学的原理に従っている。EBMは個別の事象（臨床）に関わる実践のプロセスであり，その本体は連続する臨床判断（clinical judgement）のプロセスである。サケットらによるEBMの教科書および，米国医学研究所の見解では，EBMは「臨床実践において，『最新最良のエビデンス』と『患者の意向』と『医療者の臨床能力』を統合することである」とされる。EBMは個別の患者への最良のケアをその揺るぎない目的に据え，複数のレベルの異なる要素（科学的エビデンス，患者の価値観，医療者の臨床能力）を個別の臨床文脈において統合し，臨床判断に結びつける営みである。

以上のことを考え合わせると，EBMのプロセスにおいて働いている合理性は「合法則的合理性」ではなく，「合目的的合理性」をもった「複雑な批判的思考」こそがEBMを支えている。したがってEBMそのものは，エビデンスとEBM（の実践プロセス）を包含する動的な構造であり，「科学（エビデンス）を利用する科学的な営み」としての実践科学の1つであると言える（図3-1）。

EBMを，二層構造をもつ実践科学として理解すると，EBMにおいてしばしば大きな論点となる「最新最良のエビデンスとは何か？」という問いは，この2つの科学的合理性の接点上にあることが理解できる。「EBMは臨床判断を導くためにエビデンスの階層（hierarchy）を認める」という第一原則は，「個々

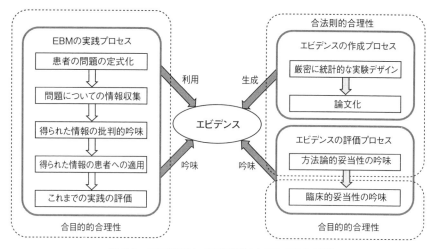

図 3-1　二層構造をもつ実践科学としての EBM の構造

の患者の問題を適切に解決する」という目的から独立したものではない。エビデンスの階層は，「何がその患者の問題解決のために最も役に立つ情報であるのか」という合目的的合理性を無視して決めることはできない。しかし一方で，エビデンスの作成手順やエビデンスの評価自体は合法則的合理性に従っている。ガイアットは前掲著において，予防と治療におけるエビデンスの階層（上位の情報ほどエビデンスの質が高い）として以下を紹介しているが，これがあくまでも一例であることも同時に強調している。

- N-of-1 無作為化試験
- 無作為化試験の系統的レビュー
- 単一の無作為化試験
- 患者にとって重要な結果についての観察的研究の系統的レビュー
- 患者にとって重要な結果についての単一の観察研究
- 生理学的研究（血圧，心拍出量，運動能力，骨密度など）
- 非系統的な臨床観察

2. 心理学におけるエビデンスに基づく実践（EBPP）

1990年代初頭にEBMの概念が提唱されてまもなく，幅広い学問的，実践的領域においてEBMのモデルは伝搬，浸透，拡大していくことになった。それらは，「エビデンスに基づく実践（EBP）」と総称される。心理学，臨床心理学領域においてのそれは，「心理学におけるエビデンスに基づく実践（EBPP）」と呼ばれる。しかし，EBPPの概念が心理学の世界に定着するまでには，若干の紆余曲折があった。前節で触れたように，EBP（M）は，エビデンスを利用する実践的な科学であり，EBPとエビデンスとは異なる種類の合理性に基づく異なった2つの科学である。しかし，心理学領域においては，最初この点についての誤解と混乱があり，エビデンスとEBPが混同される時期がしばらく続いた。[*4]

その最たる例として，米国心理学会（American Psychological Association: APA）の臨床心理学部門（第12分科会）が提唱した，一連のエビデンスに関連した主張がある。APA第12分科会は，Empirically Validated Treatments: EVT（実証的研究によって有効と認められた治療法）を選別し，そのリストを作ることを提唱した。EVTは後に，Empirically Supported Treatments: ESTs（実証的に支持された治療法）という名称に変更され，近年ではさらにResearch-Supported Psychological Treatments: RSPT（研究によって支持された心理学的治療法）と改名されている。（本書ではESTあるいはESTsの略称を用いる）。ESTsリスト作成の目的は元来，米国の臨床心理学教育過程においてどのような治療技法が教育されるべきか，という疑問に答えることであったとされている。

ESTの必要条件として，①治療法が明確にマニュアル化されていること，②治療対象が特定の診断をもつグループとして明確化されていること，の2項目が規定され，ESTは，①十分に確立された治療法と，②おそらく有益な治療，の2段階にランクづけされ，前者はよくデザインされた2つ以上の実証的研究によって効果が証明されていることが条件となっていた。この結果，初期のESTsにリストアップされた治療法の大部分は，広義のCBT（認知行動療法）

に関連した治療技法で占められることになった。1990年代にESTsとして認められた心理療法の代表例を挙げると，うつ病性障害に対する認知療法（CT）および人間関係療法（IPT），パニック障害，神経性過食症，慢性疼痛，全般性不安障害に対する認知行動療法（CBT），強迫性障害に対する暴露反応妨害法（ERP）などがある。

　現在（2017年）インターネット上に公開されているRSPT（EST）[*5]には以下の説明文が附されている。

> このウェブサイトは心理学的な治療法に関する研究のエビデンスを記載するもので，治療者の専門知識と患者の価値観や特徴を組み合わせて，治療への最適なアプローチを決定するためのものである。このウェブサイトは情報と教育目的のためのものであり，APAの公式方針を示すものではなく，個人に対しての専門的アドバイスや特定の治療法の推奨を行うためのものではない。

　すなわちESTはあくまでも心理学的治療法についてのエビデンス情報を示すものであり，実践において"利用されるべきもの"であるということが明記されている。

　APAは2006年に心理学領域における「エビデンスに基づく実践（EBPP）」についてのガイドラインを公表した。[*6]ここでは，EBPPの操作的な定義が以下のように定められている。

> 心理学におけるエビデンスに基づく実践とは，患者の特徴，文化，意向などの文脈において，手に入る最良の研究成果を臨床技能に統合することである。

　この定義は，サケットが2000年に公表したEBMの定義とほぼ同一であり，米国の医学研究所が公表した見解とも合致する。EBPPガイドラインでは以下のようないくつかのポイントが強調されている。

1. EBPPの目的は「実証的に支持された，心理学的評価の基準や，事例の定式化，治療関係，介入法を提供することによって，有効な心理学的実践を促進すること」である。
2. EBPPとESTsの概念は異なるものである。ESTsは治療法から出発し「その治療法がある集団に対して有効であるかどうか？」を問うものである。EBPPは患者から出発し「その患者において，特定の効果を得ることに役立つ最良のエビデンスとは何か？」と問うものである。ESTsとは特定の心理治療法のことであり，EBPPは臨床判断のための方法である。
3. 心理治療法についてのメタアナリシスは，広く採用されている心理治療法のほとんどが，広く採用されている医学的治療法と同等かそれを超える効果量があることを示している。全ての心理治療法がRCTの対象となっているわけではないが，このことはそれらの治療法が効果的であるという可能性を否定するものではない。
4. 実証的な研究法は，RCTに限定されるものではなく，その研究目的に応じて複数の研究法があり得る。EBPPの実践者は，各々の研究のタイプに応じた長所と限界を理解しなければならず，治療の方法，個々の治療者，治療関係，患者自身が治療に強い影響を与えることを理解しなければならない。

3．臨床心理学におけるエビデンスの特異性と現状[*7]

　前節において論じられたように，エビデンスとは（EBPの文脈においては），科学的な研究結果についての情報である。EBPがカバーする範囲は必ずしも治療効果についてだけではないが，医学においても，臨床心理学においても最も大きな関心がもたれ詳しく論じられてきたのは，治療的介入における効果研究についてである。EBPPは「エビデンスを利用して行われる実践」であると

いうことの理解は極めて重要である。もしEBPPを「エビデンスを現場に機械的に当てはめること」と考えると，EBPPの実践における利点のほとんどが失われてしまう。なぜならばそのような理解は，EBPPが，不確実性と複雑性を避けることのできない現場での個別実践であることを無視しているからである。それにもかかわらず，「エビデンスに基づく実践とは，研究によって効果が実証された治療をクライエントに行うことである」という誤解は根強く存在している。

EBPPは，とりわけ，心理的治療効果における，治療技法の側面，治療者の側面，クライエントの側面，さらにクライエントと治療者間の関係的側面の4つについてのエビデンスに関心をもつ。現場での実践は個別のものであっても，ある程度の一般性を保証された情報にアクセスし，それを利用しつつ臨床判断を行うことはより良い実践のために役立つ。これらの4つの側面における研究の質のヒエラルキーはそれぞれ異なっており，必ずしも無作為化割り付け試験（RCT）が最も質の高い研究であるとは限らない。さまざまな種類の研究が，目的に応じて選ばれ，評価される必要がある。以下に，特に心理学的実践におけるエビデンスの4つの側面について概説する。

1──治療技法による効果

心理学的治療（セラピー）には，複数の立場があることは，既に第1章において触れた。簡略にまとめると，①認知・行動主義，②深層心理学，③人間性心理学的アプローチの大きく分けて3つの立場がある。特定の問題をもつクライエントに対して，ある特定のセラピーが他のセラピーよりも効力が高いかどうかについては，激しい議論が続いてきた。この問題についての2つの対立する立場は，「実効性格差支持派」と「ドードー鳥仮説支持派[*8]」と呼ばれてきた。前者は「特定の様態の心理的問題に対して，あるセラピーは他のセラピーよりより有効である」という仮説を主張するものであり，主として認知・行動主義の立場がこの見解を支持している。後者は，「セラピーの多くは，ほぼ同等の効力を有する」とする仮説であり，認知・行動主義以外の立場は概ね後者の見解をとっている。この2つの立場は，単なる見解の相違ではなく，エビデン

スそれ自体が両者のどちらを支持しているのかという問題をめぐっての議論として位置づけられる。

　前節で述べたように，初期の EST 運動は，認知・行動主義の立場から推進されてきたものである。初期には，実際に行われる効果研究のほとんどが認知行動療法に関連するセラピーであったために，認知行動療法のエビデンスが蓄積され，認知行動療法のみが有効性が証明されたセラピーであるかのような主張がなされた。しかし，その後，しだいに他の立場のセラピーについてのエビデンスも報告されるようになり，多くの研究やシステムレビューの結果は，認知行動療法が患者のさまざまな問題に対して有効であるというエビデンスを支持していると同時に，他のセラピーとの有効性の比較においては，複数のセラピーがほぼ同等の有効性を示すという傾向が明らかになってきている。

　このようなことがなぜ起こるのかについては，現在もさまざまな議論が続いている。現在までの効果研究の蓄積が示唆することは，特定の状態に対して，ある技法が他の技法よりも有効な場合があることは否定できないが，個々の技法要因以外に，クライエント要因，セラピスト要因，クライエントとセラピストの関係要因，全てのセラピーに共通する要因，さらには非特異的な要因が現実のセラピー場面において無視できない役割を果たしているという事実である。

　ただし，これまでの研究結果の概観的な理解は，実証的な研究の成果を全く無視して，どのような方法でも同じだとする見解を支持するものではない。これまでの研究から「それまで効果があると言われていた介入法が実際には無効であるかむしろ有害である」ということが示された例もある。その代表的な実例は心理学的デブリーフィング（クライエントの体験を積極的に語らせ聴き取ること）である。災害時などの急性トラウマに対する早期の心理学的デブリーフィングは，むしろ PTSD の発症を増加させるという研究成果が報告され，現在では災害時などにおいて，この方法による介入は推奨されなくなった。効果研究の知見を積み重ねる大きな意義は，むしろこのような害のある介入を防止することにあるとも言える。

　医学における治療の多くの部分が薬物療法であるために，特定の心理学的治療技法を医学における薬剤の比喩として単純化して理解しようとする傾向があるが，これには大きな陥穽がある。心理学的治療技法についての効果研究のエ

ビデンスを評価する際に重要な，医学の場合との違いは，以下のようにまとめられる．

①薬剤は「物質」であるから，その成分，効果，メカニズム等には一定の科学的再現性がある．心理学的治療は，個別のクライエントとの間に行われる複雑な実践であり，両者を単純に同じと見なすことはできない．
②心理療法の効果研究においては，実験デザイン的に対照群としての二重盲検化された「プラセボ」を設定することはほぼ不可能である．したがって，得られた心理学的治療効果から非特異的効果を排除することは原理的にはできない．
③効果研究における代理エンドポイントの設定が，真のアウトカムを反映しているかが不明確である．例えば「うつ」のクライエントへの心理治療のエンドポイントを，自殺による死亡の減少に定めるのか，QOL の改善に求めるのか，うつ尺度における得点の低下に求めるのかによって，有効性の評価は全く異なってくる．これは，高血圧患者への降圧治療のエンドポイントが，合併症による死亡率（あるいは発症率）の変化であって，血圧の測定値ではないということと対比して考えると理解しやすいだろう．

さらに，医学と心理学において共通に意識しておくべき，エビデンスの理解についての盲点になりやすいポイントを整理しておきたい．

①「エビデンスの欠如」と「エビデンスの反証」さらには「害があるというエビデンスの実証」は同じではない．後者は，当該の治療が行われるべきではないことを意味するが，前者は単に研究が行われていないということを意味するだけである．
②効果研究（特に RCT）が積極的に行われるためには，研究を行う意欲のある研究者の存在と資金の獲得，さらには当該の治療法が簡潔なやり方で容易に検証されうるか等が必要である．研究の量が不足していることは，その治療法が有効でないことと同じではない．
③効果研究の評価には，出版バイアス（研究者に有利な結果の出た研究のみが

出版され，不利な結果の出た研究は出版されない），認知バイアス（ある治療法を推進したいという立場にいる研究者は，結果の解釈を自分の主張に有利なように行う傾向がある），利益相反（研究結果の公表が金銭的利益をもたらす可能性がある研究者によって研究が行われる）といった科学的とは言えない要素を含んでいる。ある特定の治療法が社会的に採用され，推進されるためには，これらの要因が十分明らかにされ，吟味される必要がある。医学においては，上記のようなバイアスを最小限にするための明示的な努力がなされているが，まだ十分とは言えない。心理学の領域においても同様の努力がなされる必要がある。

　上記の問題を考慮してもなお，特定の状態に対する特定の技法の有効性は，多くの実証的研究によって支持されている。これらの研究成果は次々と新しく報告されるので，最新最良のエビデンスを実践にうまく利用するためには，常に最新の情報を収集する必要がある。
　近年までの研究成果の蓄積を踏まえて，クーパー（Cooper, M.）は，心理学的治療における技法に関する重要な研究知見を以下のようにまとめている。

①真正なセラピー的技法は，非セラピー的あるいはプラシーボ条件と比べると，クライエントに肯定的なインパクトを与えることが示されている。
②特定の技法が他の真正な技法や実践よりも効果があるということを示すエビデンスはほとんどない。
③認知行動的技法，特に曝露法を基盤とした介入は，不安の問題によい成果を示すというエビデンスによって最も強く支持されている。
④心理療法の技法としての解釈は，特にそれが正確に，かつ仮説的な言い方によって伝えられ，強固な治療同盟に組み込まれている時に，一貫して肯定的なセラピー結果につながる。
⑤体験過程を深めることを基盤とする人間性心理学的な技法は，肯定的なセラピーの結果を導く。
⑥指示的実践にも非指示的実践にもそれぞれを支持するエビデンスがあるが，いずれかに極端に偏った実践は避けるべきだとするデータがある。

⑦電話やインターネットを活用した介入は，対面的な介入とほぼ同等の効果がある。

2 ──技法以外の要因

　心理学的治療（セラピー）における，治療技法以外の要因についての，現在までのエビデンスに関する知見を以下にまとめておきたい。治療的介入における効果研究は，医学で行われている薬物療法についてのエビデンスを作成する研究のデザインがかなりの程度援用できるが，それ以外の要因（クライエントの要因，治療者の要因，関係性の要因）については，心理学的実践に独特の，複数の研究法によって評価される必要があり，それらの研究の質的評価についての基準が明確になっているわけではない。本節では，ノルクロス（Norcross, J. C.），クーパーらの精力的な仕事に基づき，治療技法以外の要因いついてのエビデンスの概略をまとめる。[*9]

❶クライエントの要因

　セラピーの結果を予測する上で，クライエントの要因は，セラピスト自身の要因，あるいはセラピストが作り出す条件よりも大きな関連性をもっているということが，多くの実証研究によって明らかにされている。クライエントの要因とは，クライエントその人の内側にあると仮定され，セラピー中に生じる確認可能な状態であって，相対的に持続的で安定している側面として定義される。さらにクライエントの要因は「推定されるもの」（動機づけの水準など）と，より「客観的なもの」（年齢や性別など）に分類される。さらに，クライエントとの要因とセラピーの結果とに相関があったとしても，その要因がセラピーの効果の原因であるかどうかは慎重に吟味されなければならない。

　セラピーの結果と密接に関連するクライエントの要因としては，以下のようなものが挙げられる。

①クライエントの動機づけや関与の高さは，セラピーの結果と密接に関連する。
②クライエントがセラピーの結果やプロセスに対して，肯定的で現実的な態度

をもっていることは，セラピーの結果に良い影響を与える。
③心理的な機能の高いクライエント（パーソナリティ障害と診断されていない，安定型のアタッチメントをもつ，完全主義傾向が高くない，ソーシャル・サポートに恵まれている，など）は，そうでないクライエントよりも，セラピーからより多くのものを得る。
④クライエントのジェンダー，年齢，性別，人種，社会的階級等の相違は，セラピーの成果に対して大きな影響を与えない。

❷セラピストの要因

　そもそも同じような立場のセラピストが行うセラピーにおいて，セラピストによって効果の差は大きいのだろうか，それとも大きくないのだろうか。これはかなり微妙かつ議論を呼ぶ問題である。ここでの「セラピストの要因」とは，セラピー関係の外側に存在する継続的で相対的に安定したセラピストの「傾向性」と定義する。どのような種類のセラピスト，どのような要因をもったセラピストが，セラピーの良い成果に関連しているのかという問いについても多くの実証研究の結果があるが，その結果は多様であり，結論を得るためには議論が必要である。しかし，クーパーは，現時点でのおおまかな見取り図を以下のように示している。

①例えセラピストが高度にマニュアル化された同一の手続きを用いた場合でも，セラピストが異なれば改善と悪化の率はかなり異なる。
②この差異が大きいのは主として，少数の極めて上手なセラピストと極めて下手なセラピストの差に起因しており，大多数のセラピストはその中間レベルにある。
③あるセラピストはある種のクライエントとうまくやっており，他のセラピストは他の種のクライエントとうまくやっているようである。

　複数のセラピスト要因についての実証的研究の結果を要約して，クーパーは以下のように述べている。

①セラピーの結果はセラピストによって，かなりの差がある。
②セラピストの年齢や性別や個人的な経験はセラピーの結果に大きな影響を与えない。
③トレーニング，スーパーヴィジョン，経験による専門的な成長はセラピーの結果に関係するが，その効果量はそれほど大きくない。準専門家の援助者は専門家と同等の成果をもたらしているようである。
④全般的に見て，セラピスト個人の特性は，セラピストがクライエントとどのように関わっているのかということに比べると，セラピーの結果の重要な予測指標ではない。

❸セラピーにおける関係の要因

　セラピーにおけるセラピストとクライエントの関係が，セラピーの成果にどのくらい影響するのかという問いは，複数の問題をはらんでいる。認知・行動主義，深層心理学，人間性心理学的アプローチのいずれの立場も，治療者とクライエントの関係を重視する。しかし，セラピーとの関連で関係をどう意味づけるかという点では，大きな違いがある。認知・行動主義では，良好な関係はセラピーの前提であるとみなされる。そして，セラピーの効果は主として技法の行使によるものと考え，関係そのものがセラピーの効果を生み出すとは考えない。深層心理学と人間性心理学的アプローチは，関係の質に重大な関心をもつと同時に，関係そのものが直接的あるいは間接的にセラピーの成果を生み出すと考える。しかし，深層心理学のうちでも精神分析の立場は，解釈によって関係に介入することを重要な技法と考えるが，ユング派や人間性心理学の大部分の立場は，関係に直接介入することはむしろ危険であると考え，より間接的な方法で関係の質の改善を計る傾向がある。

　関係性を実証主義的な研究デザインによって扱うことは，一種の自己言及的なパラドックスが生じるので，評価には常に限界が伴う。しかし，そのような限界をもつとはいえ，関係性に関する実証研究は行われているし，その情報は実践の改善のためには一定程度役に立つだろう。

　以下にセラピーの関係性についての研究結果の概要をまとめる。

①セラピー関係の質は，関係を重視するセラピーと関係にあまり重きを置かないセラピーの双方において，セラピー結果と密接な関係がある。
②治療同盟の強さ，セラピストの共感の程度，セラピーの目標についての合意と協働は，セラピーの効果を高めることが実証されている。
③肯定的配慮，自己一致，逆転移の対応，フィードバックなどは，セラピーの成果とある程度の関係がある。
④ある程度の自己開示と肯定的関与の発言は，一貫して非自己開示的なセラピーよりも効果的である。
⑤高頻度の転移解釈は効果がないばかりか有害でさえあるが，頻繁ではない関係の解釈は効果的である。

註 ●●●●●

＊1　Guyatt, G. H.（1991）Evidence-based Medicine. *ACP Journal Club*, 114: A-16.

＊2　Guyatt, G. H., Rennie, D., Meade, M. O., & Cook, D. J.（2008）*Users' guides to the medical literatue-a manual for evidence-based clinical practice*（2nd ed）. New York: McGraw Hill. pp.9-16.

＊3　Sackett, D. L., Rosenberg, W. M. C., Gray, J. A. M., & Haynes, R. B.（1996）Evidence based medicine: What it is and what it isn't. *BMJ*, 312: 71-72.

＊4　米国心理学会における，エビデンスに基づく実践についての初期の混乱とその後の経緯については，以下を参照のこと。
　　斎藤清二（2012）「エビデンスに基づく実践」のハイジャックとその救出『こころの科学』No.165, 9：2-8.
　　斎藤清二（2017）『改訂版 医療におけるナラティブとエビデンス――対立から調和へ』遠見書房 pp.151-166.

＊5　http://www.div12.org/psychological-treatments/（最終アクセス 2017.12.12）

＊6　American Psychological Association（2006）Evidence-based practice in psychology: APA presidential task force on evidence-based practice. *American Psychologist*, 61, 271-285.

*7 以降の概説は，カウンセリングについて効果研究の結果をまとめたクーパーの以下の優れた著書に多くを負っている。

Cooper, M. (2008) *Essential research findings in counseling and psychotherapy-The facts are friendly*. Sage Publications Ltd. (清水幹夫・末武康弘 (訳) (2012)『エビデンスにもとづくカウンセリング効果の研究——クライアントにとって何が最も役に立つのか』岩崎学術出版社)

*8 『不思議の国のアリス』に登場する「ドードー鳥の裁定」のエピソードに基づく。池に落ちた動物たちが服を乾かすために円形のコースを駆けっこした後で，賞品が欲しいという動物たちにドードー鳥が「みんな勝ったんだ。みんなが賞品をもらわなきゃ」と言ったエピソードによる。心理療法におけるドードー鳥の裁定をめぐるEBMの観点からの詳しい論考として以下を参照のこと。

齋尾武郎 (2013) 統合的心理療法とドードー鳥の裁定——心理療法に優劣はない *Clinical Evaluation*, 41 (2)：407-420.

*9 以下の書籍を参照のこと。

Cooper, M. (2008) *Essential research findings in counseling and psychotherapy-The facts are friendly*. Sage Publications Ltd. (清水幹夫・末武康弘 (訳) (2012)『エビデンスにもとづくカウンセリング効果の研究——クライアントにとって何が最も役に立つのか』岩崎学術出版社)

Norcross. J. C. (2011) *Psychotherapy relationships that work: Evidence-based responsiveness*. Oxford University Press.

補論3

心理学におけるエビデンスに基づく実践はどのように行われるか

●はじめに

　第3章においても強調したように，心理学におけるエビデンスに基づく実践（EBPP）とは，多くの人がそう思い込んでいるように「効果が実証されている（エビデンスのある）治療法でクライエントを治療すること」ではない。そうではなくEBPPとは，心理学的支援のプロセスにおいて，エビデンス（情報）を利用しつつ，個別の臨床判断をしていくプロセスである。この臨床判断は，セラピストとクライエントの対話と協働を通じて，個別的かつ創発的になされるプロセスである。ここでは筆者が体験したある事例のプロセスを物語的に描き出してみたい。
*1

●物語の始まり

　そもそものきっかけは，筆者の知り合いの医師からの電話であった。Bさんは60歳台後半の男性である。かなり以前から口の中が痛むという症状に苦しめられており，複数の診療科を受診しているとのことだった。しかし，Bさんは治療経過に満足できず，新たな治療を求めているということであった。正直なところ，筆者は気が重かった。一般に口腔内違和感を訴える人の症状は頑固で治りにくいということを知っていたし，いろいろな施設を訪れても良くなっていない人が，短期間の治療で改善するとは思えなかった。「今までのかかりつけの医療機関での診療を勧めますが…」という筆者の返事にもかかわらず，「とにかく一度でもよいから診察してほしい」という紹介の医師の勢いに押し切られる形で，筆者はとにかくBさんの面接予約を入れることにした。

　（以下，「　」はクライエント（Bさん）の発言，〈　〉は筆者の発言である）

● 初回面接

　初めてお会いするBさんは，温厚そうな初老の紳士で，奥様が心配そうに付き添って来られた。
　〈ここに来られるまでのいきさつを教えていただけますか？〉と尋ねると，Bさんは，以下のような経過を話してくれた。
　約15年前，Bさんはある教育機関で教職に就いていた。その頃から気分が落ち込むことが多くなり，近くの医療機関で「うつ」として加療を受けた。その治療中に，パニック発作と思われるようなエピソードがあり，入院することになった。入院中と退院後の服薬治療により，ひどいうつ状態は軽快したが，それをきっかけに仕事を退職することになってしまった。体調がある程度回復してからは，郷土の遺跡の発掘や考古学的資料の整理などを手伝う仕事に就いた。
　ところが，約10年前から，Bさんは口の中の痛みに悩まされるようになった。「舌痛症」として，口腔外科，歯科，心療内科を複数受診したが，すっきりすることはなかった。この間，近隣の心療内科から精神安定薬，睡眠導入薬等を処方されている。当院を受診するしばらく前に，ある大学の心療歯科を受診した。そこでは口腔内ケアの指導を受けたが，同時にうつ気分のコントロールが必要だと言われた。そこで，知人の医師の紹介を経て，当科を受診した。
　だいたいの病歴を把握できたので，〈今一番辛いことはなんでしょうか？〉と確認してみた。Bさんは，①舌や口腔内がいつも痛い，②無気力，の2点を挙げた。睡眠導入薬を飲まないと眠れず，朝の気分が悪い，とのことで，うつ気分があることは間違いないように思われた。〈ご希望としては，どうなったらよいと思いますか？〉と尋ねると，「自分としては，できれば今回すっきり治したいです。こちらの病院で治療を受けたいです」とのことだった。

● エビデンスの観点から

　はっきりとした器質的な原因がないのに，慢性的に口腔内に違和感を訴える人は決して珍しくない。口の中の違和感は「口の中が焼け付くようだ」「口の中や舌が痛い」「口の中がねばねばして気持ち悪い」など，多彩に表現される。それらの訴えは一般に執拗で頑固である。多くの患者は，歯科，口腔外科，耳鼻咽喉科などを訪れるが，一般医やかかりつけ医を訪れる頻度が最も高い。本邦ではこのような患者は，一般に「不定愁訴」「気のせい」扱いされていることが多く，特に訴えが執拗であったり，うつ気分を伴う事例では，「心身症」と呼ばれたり，時には「奇妙な患者」として扱われたり，精神病

扱いされていることさえある．しかし，以下のような事実は意外に知られていない．

上記のような口腔内の慢性違和感を訴える患者は，英語圏では口腔内灼熱症候群（burning mouth syndrome）と呼ばれている．一般診療や総合診療の領域での疫学的な調査によれば，非常に頻度の多い，ありふれた病気（common disease）であることがわかっている．そして，この病態に対する臨床疫学的研究も行われており，その結果としてのエビデンスも手に入れることができる．

ここで，「エビデンスに基づく実践（EBP）」の5つのステップにそって考えてみる．EBPの最初のステップは，問題の定式化である．それができてはじめて，臨床疫学の手法（ステップ2，3）を適用することができる．現実の臨床現場において，Bさんと筆者が最も知りたいことは，どのような治療が有効であるかについての情報であった．しかし，その前に，Bさんの診断を明らかにしておく必要がある．診断が確定しない限り，治療に関するエビデンスを検索することさえできない．筆者は，Bさんと共有すべき診断名は，1つは「口腔内灼熱症候群」であり，もう1つは「うつ（うつ病性障害）」であると考えた．

そこで，筆者は，当時発売されたばかりの，EBPの優れた2次資料である，『クリニカル・エビデンス日本語版*2』を利用することにした．

●再び面接場面

実際の面接場面に戻ろう．一通り話を聴き終わった後で，筆者はBさんにこう話しかけた．

筆　者　Bさんが現在困っておられる状態について，私の考えを説明させていただきたいと思います．
Bさん　はい，宜しくお願いします．
筆　者　これは，全世界における，最新の医学的なエビデンス（科学的な根拠）が載せられている本です．Bさんは口の中の痛みにずっと苦しんでこられたわけですが，それは，ここに書いてある「口腔内灼熱症候群」という病態にほぼ当てはまると思われます．ご覧のとおり，この病気は決して珍しいものではなくて，報告によって違いますが，全人口の1％から15％にあると書いてあります．だから，むしろありふれた病気であると言えます．

Bさんは，最初びっくりしていたようであるが，しだいに嬉しそうな表情になり，こう語った．

Bさん　そうなんですか。今までどこの病院へ行っても，「こんな変わったことを言うのはあなただけだ」とか，「こんな珍しい病気は診たことがない」とか，「難しい，珍しい病気だから治す方法はない」と言われてきました。自分でも，こんなことで苦しんでいるのは私1人なんだろうと思っていました。でもそうではなかったんですね。

筆　者　そのとおりです。しかも，この本に載っていることからもわかるように，この病態についての研究も世界中で行われているのです。

　Bさんの表情は，ますます輝いてきた。そこで筆者は次のように話してみた。

筆　者　治療についてですが，残念ながらこれを飲めば簡単に治るというお薬についてのエビデンスはまだ知られていないようです。しかし，ここに書いてあるとおり，認知行動療法という，一種の心理療法が効果があるというエビデンスがあります。残念ながら，私は認知行動療法の専門家ではありません。しかし，この方法のエッセンスは知っています。

Bさん　それはどのような治療法なのですか？

筆　者　ひとことで言うと，症状を完全に治すということを目標にするのではなくて，症状をもちながらでも，日常生活をもっと良い状態で過ごしていけるようにしようという考え方です。そのために，いろいろとBさんの考え方を聞かせていただいたり，一緒に考えていったりという方法をとります。

　すると，Bさんは次のように語った。

Bさん　はあーっ。それって，要するに，病いと仲良くして，病いとともに生きなさいということですね。

筆　者　そうそう！　そうです！　そのとおりです。よくご存じですね。

Bさん　それは，今までにもいろいろなところで言われてきましたから。（笑）

筆　者　私でよければ，そのような方法に準じて，できる範囲で努力しながらおつき合いしたいと思いますが，いかがですか？

Bさん　はい。ぜひお願いします。

　次いで，筆者は，話題をBさんの「うつ気分」に当てた。

筆　者　次に，どうも気力がでない，何もする気がしない，という問題についてお話し

補論3　心理学におけるエビデンスに基づく実践はどのように行われるか

したいと思います。これは，私たちの言葉では，「うつ気分」とか，「うつ状態」とか呼ばれる状態だと思います。このページをご覧ください。うつの治療についてのエビデンスは，ご覧のとおり非常にたくさんあります。お薬だけとっても，何種類も有効な薬があります。

　Ｂさんは示されたページを，興味深そうに眺めていた。

筆　者　たくさんある有効な方法のうちで，どれかを選ばなければならないのですが，私としては，最近開発された，副作用が少ない新しい薬であるSSRIという薬をお勧めしたいと思うのですが，いかがでしょうか？
Ｂさん　ええ。それで結構です。先生にお任せいたします。
筆　者　それでは，今日早速お薬（SSRIと便秘に対する漢方薬）をお出ししますので，今後定期的に通っていただいて，お話を聞かせていただく，ということでいかがでしょうか？
Ｂさん　わかりました。宜しくお願い致します。

　上記のようにして，初回の診察面接は終了した。

●その後

　その後，１週間ごとにＢさんは来院し，筆者はその都度，１週間をどう過ごしたか，口腔内の痛みはどうか，気分はどうだったか等について丁寧に話をうかがった。第４回目の面接あたりから，Ｂさんは，自分の仕事のこと，興味をもっていることなどについて，熱心に話をしてくれるようになってきた。
　第５回の面接では，入室時から雰囲気が違い，Ｂさんは元気に語り始めた。「とても気分が良いです。２週間くらい前から調子が良くなり始め，今はよりはっきりしています。元気が出始めた頃は，他人の言うことが気になったり，小さなことをくよくよ考えたりした時期もあったのですが，そんなことは気にする必要がないことがわかり，今はすっきりとして，胸の中につまっているものが何もありません。こんな気分になったのは10数年ぶりです」とうれしそうに語った。そしてＢさんは，「実は，最初に具合悪くなった時のことなのですが…」と，前置きをしてから，今までは詳しく話してくれなかった，以下のような辛かった過去のエピソードについて話してくれた。

Ｂさん　15年ほど前，教職にいた時，同僚にひどい人がいて，自分は（考古学に詳しかっ

たので）発掘のためということで請われて職場を移動したのに，それをまわり中から，「発掘ばかりしている」ととがめられ，いじめられました。その時は，精神的にとても辛く，パニックになって入院しました。うつが軽快した頃から，口腔内の痛みが始まりました。その後，複数の口腔診療科を受診しましたが，全く効果はありませんでした。今のように，こんな良い気分になったのは，ここ10数年なかったことです。ありがとうございました。

● **考 察**

　Bさんとの治療のプロセスについて以下に考察してみたい。Bさんの病態は，多彩で複雑であり，過去10年間のBさんの苦しみは，複雑な文脈のネットワークに埋め込まれている。面接は，まずBさんの語りを傾聴し，それを共有するところから始まった。

　筆者がBさんとの間で「診断の物語」を共有するにあたって，『クリニカル・エビデンス』に記載されているエビデンス情報はとても役に立った。しかし，その情報は直接そのままの形で役に立ったわけではない。筆者はエビデンス情報を，自分なりに再解釈し，筆者なりの物語に載せて，Bさんに提示したのである。

　まず第一に，そもそも，『クリニカル・エビデンス』に「口腔内灼熱症候群」という項目が載せられている，ということそのものが重要な情報であった。なぜならば，このことは，Bさんの病態は決してわけのわからない正体不明のものではなく，「全世界的に認知された」「決して珍しくない」「それについての研究も行われている」病態であるということを明らかにしたからである。このエビデンス情報は，Bさんがそれまで苦しめられていた，「自分の苦しみは他人に理解されない」「このような状況で苦しんでいるのは自分だけである」という悲観的な物語を書き換えることに著しく貢献したと思われる。

　第二に，認知行動療法の本症における有効性が証明されている，という有力な情報が手に入った。しかし，この情報をBさんの治療に如何に役立てるかについては工夫が必要であった。なぜならば，エビデンス情報が伝えることは正確に言えば，以下のようなことだからである。『クリニカル・エビデンス』から引用してみよう。

　　介入オプション：認知行動療法
　　1件の小規模なRCTによれば，認知行動療法は，口腔内灼熱症候群の症状を緩和することが見出された。（中略）このRCT（抵抗性の口腔内灼熱症候群30例）は，認知行動療法（週1回1時間のセッションを12～15回）と認知療法セッションは行わないが同様の配慮が

なされたコントロールを比較したものであった。それによると，認知療法は，症状の程度を有意に減少させ（1＝耐えられる〜7＝耐えられない，の範囲の視覚的アナログ尺度で測定），6ヶ月の追跡時点でもなお有意であった（治療前の平均スコアは認知行動療法 5.0 に対してプラセボ 4.3；治療後の平均スコアは認知行動療法 1.4 に対してプラセボ 4.7；$p < 0.001$；治療 6ヶ月後に無症状の人数は認知行動療法 4/15 例に対してプラセボ 0/15 例）。

この情報の信頼性は，臨床疫学的な批判的吟味に耐えるものである。しかし，この情報を B さんに直接応用できるかどうかについては，慎重に考える必要がある。最大の問題は，この RCT は，訓練された認知行動療法の専門家によって行われた治療についての成績であるという点にある。筆者は，訓練された認知行動療法家ではない。それではこの情報は利用できないのだろうか？　筆者は「あなたの治療は私にはできませんので，専門家のところへ行ってください」と告げるのが正しいのだろうか？　もし，すぐ近くに紹介できる認知行動療法の専門家がいるのであれば，それは選択肢の1つであろう。しかし，この時代，本邦でそのような条件が満たされることは非常に稀であった。そのような状況の中でエビデンスを厳密に適用するということは，治療関係を放棄するための言い訳を確保する，ということに過ぎなくなり，目の前の患者の役には立たないということになる。これでは，何のための EBP かわからない。

筆者はそうは考えなかった。筆者が行ったことは，筆者と B さんとの治療関係を継続することを前提とし，治療関係の中でこの情報を役立てるためにエビデンス情報を再解釈することであった。それは以下のようなものである。

認知行動療法は心理療法の一種であるから，まず治療者と患者の良好な関係を構築することが第一の条件となる。このことに全力を傾注することが治療に悪影響を与えることはあり得ない。次に，認知行動療法のエッセンスを簡単にまとめれば，第一に，不適切な自動思考を明確にし，それを打破すること（認知の変容）を援助することであり，第二には，症状を消失させることではなく，症状をもちながら生活の質（QOL）を高めることを目標とすることである。例え標準的な認知行動療法の技法をそのまま用いなくても，上記のような基本姿勢に基づいて対話を継続していくことは，少なくとも B さんの病態を悪くすることはないであろう。

筆者は B さんに，上記のような筆者の解釈を，できるだけざっくばらんに伝えた。その結果起こったことは，「はあーっ。それって，要するに，病いと仲良くして，病いとともに生きなさいということですね」〈そうそう！　そうです！　そのとおりです。よくご存じですね〉という B さんと筆者との対話であった。このやりとりは，筆者に

かなりの手応えを感じさせた。

　上記のように，得られたエビデンスを再解釈し，物語形式に載せて，対話の話題として提示することは，実際の治療過程において，治療者と患者の対話を促進し，望ましい新しい物語の構築を促進する。エビデンス情報は，何よりも良好な治療関係の構築，継続に益するように用いられる必要があることを，筆者としては強調したい。

　Bさんのその後の経過は，構築された良好な関係性の中で，Bさんの語りがさらに促進された過程として理解することができる。もちろん，SSRIの効果も病態の改善に寄与した可能性が高い。

　最後の面接になった第5回では，それまで明確には語られなかった，Bさんの発症前後の辛い体験が生き生きと語られた。このような「語られなかった物語を語ることができるようになる」ということが，病勢好転の原因なのか，結果なのかという議論はあまり重要ではないだろう。しかし，口腔内や咽頭の違和感を訴える人の多くは，「話したいことを話すことができない」という状況の象徴的表現としての症状を呈しているのかもしれない，という深層心理学的な理解も，1つの物語としては許されるであろう。

　Bさんの病状が「何によって改善したのか？」という質問に対しては，EBPは「それは臨床疫学的データではないので何とも言えない」と答えるだろう。しかしより広い臨床心理学的な視点からは，「人間も臨床も本質的に複雑なのだから，それは重要な問題ではない」と答えることになるだろう。

註 ●●●●●

*1　本事例は，以下の著書の内容の一部を抜粋し，改変したものである。
　　斎藤清二・岸本寛史（2003）『ナラティブ・ベイスト・メディスンの実践』　金剛出版　pp. 149-164.

*2　以下には，Bさんが治療を受けた頃は最新の情報が掲載されていた。
　　日本クリニカル・ビデンス編集委員会（監修）（2002）『クリニカル・エビデンス日本語版 2002-2003』　日経BP
　　現在では，研究の成果の情報であるエビデンスの蓄積は著しく，はるかに充実している。しかし，本症候群の治療の有効性に関するエビデンスについては，現在も本質的に大きな変化はない。

第4章

対話・物語・関係性

河合隼雄は心理療法を以下のように定義している[*1]。

> 悩みや問題の解決のために来談した人に対して，専門的な訓練を受けた者が，主として心理的な接近法によって，可能な限り来談者の全存在に対する配慮を持ちつつ，来談者が人生の過程を発見的に歩むのを援助すること。

この河合の記述を丁寧に見ていくと，いくつかの重要なポイントを内包していることがわかる。第一に，心理療法とは「対人援助である」ということが明確に主張されているということである。心理療法は psychotherapy の日本語訳であるから（精神療法という訳もある），治療＝therapy であると理解するのが一般的であるが，河合はあえて「援助（support）」であると言い切っている。心理療法とは「治療すること」に限定されるものではなく，より幅広い対人援助実践であるということになる。しかもその援助は，「人生の過程を歩むこと」に対するものであるから，当然，それは継続した関係と時間経過を伴うプロセスを含意している。このような継続的な関係は，「寄り添い」とか，「伴走」などのメタファーによって表現されるものである。

前章で論じた，「エビデンスに基づく心理学的実践（EBPP）」において，関心の焦点は，クライエントが抱える問題への心理学的介入とその効果に当てられていた。河合が提唱する継続的な対人援助プロセスとしての心理学的実践においては，この部分は「心理的な接近法」と表現されている部分に対応すると理解できる。心理学的実践は，クライエントへの介入だけから成り立っている

わけではない。有効な介入を成り立たせ，それを対人援助に有効に活かすための基盤として，「可能な限りの来談者の全存在への配慮」と「来談者が人生の過程を発見的に歩むことへの援助」が，臨床心理学的実践には必須であると河合は主張している。

河合による心理療法の定義には，クライエント要因（悩みや問題解決のために来談した人），セラピスト要因（専門的な訓練を受けた者），技法要因（主として心理的接近法）が含まれており，これは前章のEBPPの構造とほぼ同じである。そして，この3つの要素を包含し，支えるものとして「来談者への全人的配慮」と「来談者が人生を歩むことへの援助」が置かれている。

臨床心理学的実践の全てが狭義の心理療法ではないことは明らかであるが，河合によって提唱された心理療法の概念は，対人援助に焦点を当てた臨床心理学的実践のほとんどをカバーすると思われる。その構造は単純化して言えば，「『継続的な対人援助』の基盤に支えられた『心理学的行為』」である。本章では，この対人援助としての臨床心理学的実践の基盤を形成する，「対話」「物語」「関係性」について論じていく。

1. 対　話

1——対話とは何か？

対話（dialogue）とは，2人以上の人間が「ことば」というシンボルを交換しながら，情報を伝達し，感情を共有し，互いを理解したり良好な関係を作ったりしていくようなダイナミックな相互交流を意味する。表現を変えると，対話は「わたし」と「あなた」が「語り手」と「聴き手」という役割を相互に交代しながら，何らかの「話題」を共有しつつ交流するという作業であり，日常行われる「雑談」や「おしゃべり」というレベルのものから，「面接（interviewing）」や「相談（consultation）」，「カウンセリング（counseling）」などのはっきりとした目的と意図をもったものまで，さまざまなレベルを含む。

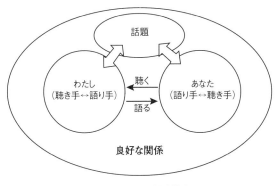

図 4-1　対話の基本構造

　臨床心理学的実践において，対話は基本的な汎用技法として位置づけられる。「良質な対話」あるいは「機能的な対話」は，臨床心理学の3つの学派のいずれにおいても，基本的な方法論，あるいは技法として重視されている。また臨床現場におけるチームでの多職種協働をスムーズに行うためにも「良質な対話」は大きな効果を発揮する。もちろん対話は，心理専門職の専売特許というわけではない。しかし，心理専門職は他のどの職種にもまして，「機能的で良質な対話」についての知識，技術，態度を理解し身につけていなければならない。その意味からも「機能的な対話」を行う技能は，心理専門職にとって必須の能力であると言える。

　対話の構造は図示すると，図4-1のようになり，「良好な関係」を基盤として「わたし」と「あなた」と「話題」が3項関係をつくることが基本となる。[*2]

2──対話の前提

❶ 他者性（otherness）

　良質な対話を行うための前提事項の第一は「わたし」と「あなた」は異なる人間である，という認識をはっきりともつことである。「わたし」にとっての「あなた」は「他者」であり，あなたが何を経験し，何を考え，どんな価値観をもっているのかをわたしが前もって知ることはできない。また「あなた」が，わた

しの気持ちや考えを，説明もしないのに前もって理解してくれていたり，こちらから何も言わないのに配慮してくれたりということも期待できない。このような「他者性」をしっかりと認識しておくことは，良質な対話を行うために必須の前提となる。

「あなた」が「わたしにとっての他者」であり，「わたし」が「あなたにとっての他者」である以上，わたしが「他者であるあなた」をできる限り理解したいと望み，何らかの具体的な方法で交流を働きかけない限り，あなたという他者を理解することはできない。ここに「理解のためには対話が必要である」こと，そして「対話とは能動的な行為である」ことの理由がある。

❷ 間主観性（intersubjectivity）

第二に，「わたし」が「私」であるのと同様に，「あなた」は「あなたにとっての私」であるということを理解しておくことが重要である。つまり，「わたし」と「あなた」は，互いに独立した考えや希望や感情や価値観をもっていたとしても，どちらも「私という主観」の視点から世界を認識しているという共通の基盤の上にある。これを「間主観性」と呼ぶことができる。多くの場合，「私」は「世界」から尊重されたり，温かく受け容れられたりすることを望み，わたしの考えや語りを「あなた」に真剣かつ誠実に聴いてもらえることを望む。理由もないのに否定されたり，無視されるようなことは望まない。「あなた」という「私」もおそらく同じ価値観を共有している。したがって「対話」とは，2人の異なった「主観＝私」同士の間主観的な交流であり，そこには「他者性」と「間主観性」の2つの矛盾する性質が両立している。

❸ 行為としての対話（dialogical act）

ふたりの「私」が行う対話という行為は，主に2つである。それは「聴くこと」と「語る（表現する）こと」である。そして「他者であるあなた」を「わたし」が勝手にコントロールすることなどできないことを考えれば，この「聴く」「語る」という行為は，「わたし」が主体的，能動的に行わなければならない重要2つの行動であるということになる。しかし，「聴く」と「語る」は互いに独立した行動ではなく，あなたが語ってくれる時，わたしは聴き手にな

り，あなたが聴いてくれる時わたしは語り手になることができる。

　これを「わたし」の視点から見た時，良い対話を行うための第一のコツは，「まず聴き，然る後に語る」ということである。この順序をできる限り逆にしないということを覚えておくと，「わたし」が良い対話を行いたいと考え，対話を通じて「あなたとの良好な関係」を作り出そうする時に役に立つ。またもう1つのコツは，「語る／聴く」という行為において，「わたし」と「あなた」の間に立ち現れる「話題」を常に重要視し，大切に扱うということである。

　「聴く」ことも「語る」ことも，どちらも実は複雑な行為であり，そのやり方を身につけるためには，知識，技術，態度の3つのレベルにおける訓練が必要である。この3つの次元が統合的に実行される時，それは「技法＝スキル」と呼ばれる。次節では，「聴くこと」「語ること」を，技法としての観点から，順に説明する。

3——対話のスキルと訓練法

❶ 無知の姿勢（not knowing）

　「わたし」がよい聴き手になるためにおそらく一番必要なことは，「あなた」が語ってくれることを，そしてあなたのことを，「もっと知りたい」「もっと深く理解したい」と思うことである。これは通常「関心」とか「興味」とか「好奇心」などと呼ばれる気持ちの現れである。この基本にある姿勢は，「あなたが体験していること，あなたが感じていること，あなたが語りたいと思っていることは，あなたにしかわからないことで，私は知らないことだから，聴かせてほしい」という態度である。この態度は「無知の姿勢」と呼ばれる。つまり，「あなたの他者性」を尊重するからこそあなたに接近しようとする態度が根底にあるのである。

　この態度は，多くの場合「無知の質問」という形で行為化される。「最近はどう？」「これについてはどう思う？」「その時どう思ったの？」「これについてもっと教えて」といったように。しかし，ここで1つ問題がある。同じような質問が，「相手を評価するため」「相手を批判するため」に用いられることもある。これまでの人生で，学校の先生や両親などから受けてきた質問のほとん

どは，こういった「試す質問」ではなかっただろうか。「週末は何をして過ごしたの？」「映画を見に行って，あとはゴロゴロしてました」「もうすぐ試験なのに，勉強しなくちゃだめでしょ！」といった調子である。そのため多くの人は，質問に対して答える時は警戒してしまう。「君はどう思う？」と聞かれても，うっかりしたことを言うと，「それはおかしい！　ちっともわかっていないじゃないか…」などという応答が予想されるので，どういう答えが期待されているのかを探ってからでないと語ることを控えてしまう。

　「無知の姿勢」からなされる質問は，「試す質問」とは全く異なる。もしあなたの質問が「私は知らないので教えてほしい」という無知の姿勢からなされているということがわかれば，私は安心して答えることができる。「もっと教えてあげたい」という気持ちにもなるかもしれない。しかし通常それは事前にはわからないというところに難しさがある。その矛盾を解消するためには，「あなたの語り」を引き出したあとに，どのようにそれを聴き続けていくかということが重要になる。なぜなら，わたしの姿勢はわたしの「聴き方」によってあなたに伝わるからである。

❷ 傾聴する（listening）

　傾聴とは「耳を傾けて聞く」ということで，前述の「それについてもっと知りたい」という姿勢のもとで注意深く「あなたの語り」を丁寧に受け取ることである。そのためには，まず「わたし」のもっている先入観や意見をいったん横において，自分自身を空っぽの容器のようにして「あなたに差し出す」ことが求められる。そして，「あなた」が体験したできごとや，考えや，気持ちなど，あなたが語ることに注意深く焦点を当てて，精密に理解しようと努力する。この時,「あなたが発音することばそのもの」だけではなく，雰囲気，身振りや表情，沈黙，ことばの使い方といった，「ことば以外のもの」を通じても「あなたの語りたいこと」は伝わってくる。わたしは，あなたの語ることばと，それに伴って伝わってくることば以外のもの全てに対して，注意深く関心を向ける必要がある。こういった姿勢は「注目／配慮（attention）」と呼ばれる[*3]。

　語り手が話してくれる話題をそらすことなく，聴き手は自分からはできる限り余計なことを話さず，うなずいたり，あいづちをうったりしながら丁寧に聴

いていくことになる。技法的には，話し手が語った言葉を繰り返したり，言い換えたり，確認したりといった応答を適宜用いることによって，話し手の語りは促進される。

このような聴き方をしている時，語り手が自身の体験などをある程度のまとまりをもって話してくれる時には，その語りは多くの場合「物語形式」をとる。物語とは，特定の主人公（語り手）による，時間経過を伴う一連のできごとの描写という形式をとり，多くの場合「始まり」「次々と起こるできごとの展開」があり，「終結」へと至る。語り手がこのようなある程度の一貫性をもった物語を語れるように援助することは，対話を"機能させる"ために非常に役立つ。聴いている「わたし」にとっても，語り手の物語を共有することで，「あなた」をより深く理解することができるようになる。

もう1つのポイントは，語り手の感情を尊重し，必要な時にはためらわずに感情を言語化したり，ねぎらいの言葉をかけたり，共感表現を言葉にして返すことである。これによって，聴き手と語り手の間に良好な関係（信頼感）が醸成され，それは引き続く対話をより有効で意味のあるものにしていく基盤となる。

❸ 応答する (responding)

あなたが語る時，わたしは注意深い聴き手となり，対話は進行するが，この「語る－聴く」というプロセスは，決して一方向性のものではない。語り手は聴き手の「もっとあなたの物語を知りたい」という態度に支えられ，さらにあなたの言語的，非言語的な応答によって語りを促進される。語り手は既に自分の頭の中にある「できあがった物語」をあなたに語っているのではなく，あなたとの交流を通じて，語りをその場その場において創造する。言い方を変えると，「対話」においては，「聴き手」も「語り」に能動的に参加している。そこにおいて語られる「物語」は，語り手と聴き手の共同構成物であるとも言える。

通常，対話の途中で，聴き手と語り手の役割は何度も交代する。多くの場合は，それまでの聴き手が勝手に別の話題を語り出すのではなく，相手の話題に対する「応答」として語りがそこに浮上してくる。語りに対する応答がないと，多くの場合対話はそこで中断してしまう。適切な応答は対話を継続・促進し，良

好な関係の構築へと導く。

　応答の種類を技法的な観点からまとめると,「うなずき」「あいづち」「うながし」といった比較的受動的なものから,「明確化」「要約」「確認」「話題に焦点を当てる質問」といった中間的なもの,さらには「解釈」「情報提供」「説明」「自己開示」など,かなり積極的なものまでを含む。有効な応答のコツをひとことでまとめると,それは「抱えてから揺さぶる」と表現することができる[*4]。

　「抱える応答」とは,「わたしは,あなたの言っていることを理解しています。あなたはそのままでよいのです。どうぞ安心してくさい。そしてもっと語ってください」という姿勢を伝えるような応答である。「揺さぶる応答」とは,「あなたは変化しなければいけません。あなたの見方とは違うこういう他の見方もあります。どうしたらよいと思いますか？」といった働きかけを伴う応答である。これらの応答は,明確に２種類に分かれるというものではなく連続性をもっているが,最も重要なことは,「抱えてから揺さぶる」「揺さぶろうとするならば,まず抱えなければならない」という原則である。前項で述べた「まず聴く,それから語る」という姿勢はこれと共通している。人間は,まず「自分は自分であってよいのだ。ここでは安心することができる」という環境が与えられる必要があり,それがあって初めて,「何かに向かって変化していく」ことができるようになる。この順序は多くの場合,逆にはできない。

❹ 表現する（representation）

　対話とは双方向性のものであり,あなたの語りを丁寧に受け取ったわたしは,今度は自分を表現するという役割を担うことになる。自分自身を,あなたの語りを受け止める容器として差し出し,あなたからの贈り物で自分自身を満たし,吸収し,消化した「わたし」は,今度はそれを「あなた」に対して差し出すという行為に移ることになる。この行為を表現（representation）と呼ぶ[*5]。

　表現するための方法は,「語る」「文章を書く」「言葉以外の媒体（絵画や音楽などの芸術,映像,身体表現など）を通じて表出する」といった多彩なものを含む。ここでも,「わたし」が表現をするためには,それを受け取ってくれる「あなた」の存在が必要である。ただし,その「あなた」は,必ずしも目の前の「聴き手」でなければならないとは限らない。例えば手紙やSNSへの書

き込みや，レポートや文学作品のように，わたしが書くことで表現したものを読んでくれる未来の読者が受け取り手としての「あなた」になることもあるだろう。時には，自分自身を受け取り手とする「自己内対話」といったこともあり得るだろう。

　広い意味での対話における表現とは，一方通行のものではなく，表現者とそれを受け取る者との相互交流であるということは重要である。多くの人にとって，いきなり「自分を表現しなさい」と言われてもできるものではない。できないほうが普通である。また表現ができるようになるためには訓練も必要である。

　表現することを訓練するコツとして最も有効なことは，「応答することから始める」ということだろう。対話の場を例にとれば，表現しようと思う時に，最初の題材として，「わたしはあなたの物語をこのように理解しました」ということから始めるということである。これを口頭で行う場合「相手の語りを要約し自分の理解を言葉で表現して返す」というものになる。

　さらに訓練として役に立つことは，それを「文章として書いてみる」ことである。文章形式はどのようなものでもかまわない。レポートやエッセイといった普通の文であっても，創作（フィクション）であっても，詩であっても。あなたが聴き取ったことを丁寧に，あるいはそれを聴き取ることで自分に生じた経験や考えや感情などを，今度はそれを読んでくれる読者に伝わるような形式で書いてみる。書くという作業は，わたしの経験やわたし自身から少しだけ距離をとることに役立ち，その間隙を通じて，新しい気づきや洞察が生じてくる。それが上手くいく時，文章を書くことは，書くことによって何かを「創造する行為（creative writing）」となる。

　書いたもの（作品と言ってもよい）は，自分だけのために保管して，読み返して見るだけでも役に立つ。いったん文章として書かれたものは，もともとは自分から出たものであっても，既に「他者性」をもつ。それを再度「読む＝取り入れる」ことは，自分にとっても新しい体験になる。さらにそれを特定の読者に向けて発信し，読んでもらって感想を寄せてもらうということも非常に役に立つ。現代ではブログやSNSも上手に使えばこのような目的に役立つ。いずれにせよ，表現するということは，自分だけに閉じた行為ではなく，広い

意味での「対話」の一部を構成するものである。「配慮」と「表現」のサイクルを通して,「良い関係」と「連帯」を構築していくすべを身につけることは,臨床心理学的実践においてのみならず,人生の全てにおいて役に立つだろう。

2. 物　語

1──物語とは何か

　物語(ナラティブ:narrative)とは,「複数のできごとについての言語記述を結び合わせることによって意味づけること,あるいは意味づけられたもの」と,簡略に定義される[*6]。

　物語のもつ最も大きな特徴と機能は「構成性」である。人間は生まれ落ちてまもなくから,知覚する対象,重要な他者との交流,遭遇するさまざまなできごとの経験を,言語を用いて意味づけ,それを結び合わせることによって物語を紡ぎ出していくことを学習する。物語は語られ,聴き取られ,そこに新たな意味が創成され,共有される。それは,個人のこころの中のみにとどまらず,社会的な相互交流によってつくられるとともに社会的現実をつくり出していく。

　自由や正義や愛といったものは,私たち自身の存在とは別にはじめから存在しているのではなく,私たちが相互に交流することを通じてつくり出され,構成される。そして私たち自身(自己)さえも,他者との交流あるいは自己内での対話によってつくり上げられ,変遷し,変容を繰り返す。私たちは物語とともに生まれ,物語とともに成長し,物語とともに愛し合い,物語とともに病み,傷つき,老い,そして物語とともに死ぬ。人生とは個別のかけがえのない「私」を主人公とする,私,あるいは他者によって語られる,常に改変され続ける1つの物語である。

2──物語の特徴と機能

　物語は具体的な特定の状況において，特定の個人によって語られる。物語は，必ず語り手と聴き手を必要とし，語り手と聴衆を強固に結びつける。物語の多くは時間経過をもっており，典型的には，始まりと次々と展開するできごと，転回点，そして終結という一貫した構造をもっている。この一連の構造はプロット（筋書き）と呼ばれる。このおかげで，私たちは本来不確定である未来をさえ部分的に予測することができる。

　物語は単に論理的，合理的なプロセスだけを描き出すのではなく，そのプロセスの要所要所において情動と感情を喚起する。物語によって，世界は平板な地平から隆起と陥没を繰り返すダイナミックなものへと変容する。物語は単に読み取られるものではなく，それを通じて生きる体験を聴き手や読者に提供する。

　物語はまた，私たちの認知によって読み取られ理解されるだけではなく，物語そのものが私たち自身の認知のレンズとなり，引き続いて起きるできごとの連鎖を次々と意味づける。そこに本来は存在していない因果関係や偶有性をつくり出す。物語によって創成される世界は，因果のネットワークをつくり出すと同時に，私たちを拘束し，一定の秩序と一貫性をつくり出す。しかし，一方で物語は，語り語られ，聴き取られ，共有される場において，次々と変容し，新たな意味のネットワークをつくり出し，その場に関係する全ての人々による連携と連帯をつくり出す。

　もう１点，物語のもつ重要な機能は，「物語は現実と非現実の区別を調整する」ということである。私たちは，現実に体験するできごとを紡ぎ合わせることによって物語をつくり出すこともできるし，想像上のできごとや，イマジネーションそのものから物語をつくることもできる。物語は，それが現実のものであるか，そうでないかについては大きな関心をもたない。逆に，物語の観点から言うと，全ての現実（と私たちが思っているもの）はそもそも構成されたものであり，そこにおいて現実と非現実を区別することはあまり重要ではない。私たちの物語が変容する時，それは私たちにとっての"現実"が変化することなのである。

一方で，物語のもつ「現実と非現実の境界を破壊する」力は，時として私たちの現実感覚を破壊し，社会生活への不適応を引き起こしたり，特定の物語の暴走を許してしまう危険性がある。この危険性への最も有効な対処は，「物語が『物語である』と見抜くこと」である。この姿勢を堅持することによって，現実と非現実を混同する（つまり物語を文字通りに信じてしまう）ことなく，物語的現実（narrative actuality）のもつ力を解放することができるだろう[*7]。

3――心理学的実践における物語

　河合隼雄は，「心理療法においてクライエントは各自にふさわしい『神話の知』を見いだすのであり，治療者はそれを援助するのだとさえ言うことができる。神話とまで言って，『神を』持ち出すこともないと思う人に対しては，各人が自分にふさわしい『物語』を創り出す，と言ってもいいであろう」と述べている[*8]。多くの心理療法の学派は，それぞれのやり方で，物語を重要視している。

　認知行動療法は，クライエントのもつ認知のパターン，あるいは信念と呼ばれる特定の言語記述のパターンを重視し，非機能的な認知のパターンを機能的なパターンに変えていくことを目的にクライエントとともに協働作業をしていく。この認知のパターンや信念と呼ばれる言語記述は，書き換えが可能であり，物語と呼ばれるものと非常に類似している。

　精神分析は，特定の心的構造のメタファーとして物語を利用する。エディプスやエレクトラなど，神話の主人公の名前を冠されたコンプレックスがその好例である。ユング派の分析心理学は，神話，伝説，昔話，文学作品を臨床の素材として重視するとともに，クライエントが生きている固有の物語を尊重し，その物語が展開し全体性に向かって開かれていく過程を「個性化のプロセス（individuation process）」と呼び，心理療法の目標として重視する。

　人間性心理学的アプローチにおいて，物語を最も直接的にそのセラピーの中核に位置づけているのは，家族療法から発展したナラティブ・セラピーである。ナラティブ・セラピーは，「現実は社会的な相互交流によって物語的に構成される」という，社会構成主義をその認識論として明示的に採用している[*9]。

　ナラティブ・セラピーは，治療者とクライエントとの会話を，治療や問題解

決の手段とは考えず，会話のプロセスそのものが治療である考える。治療的な会話とは，新たな物語を会話の中で紡ぎ出すことによって，問題を解決（solve）するのではなく，問題を解消（dis-solve）することに向かうものである。治療者の態度として，「中立的な好奇心」が重要とされる。これは，前節で述べた「無知の姿勢（not knowing）」につながるものである。

　治療者は，「クライエントこそが自分自身の問題についての専門家である」ことを認め，治療者自身の専門知識や先入観をいったん脇に置き，「知らない」という立場に意図的に立つことによって，クライエントの語りを尊重し，多様な会話を促進する。ナラティブ・セラピーは，会話の中で患者にとってより有益な新しい物語が生成されることを大きな目標にするが，その物語は治療者とクライエントによって共同構成（共同執筆）されるものであると考える。そのような過程を促進するために，治療者は，循環的な質問，再帰的な質問，会話的な質問などを積極的に用いる。このような質問技法を多用する点において，ナラティブ・セラピーは傾聴を主体とする古典的なカウンセリングとは異なっていると主張される。

　このように見て行くと，ほとんどの臨床心理学的立場は，物語を尊重し，その技法の重要な一部として取り込んでいることが見て取れる。

4——医学におけるナラティブ・アプローチ

　医学的な実践とは，患者がもっている生物学的な疾患を正確に診断し，その疾患に有効な治療法を患者に適用することにより，患者からその疾患を取り除くことで患者を治癒せしめる行為である，とするような古典的な医学観は，現代の医療が置かれている複雑な状況においてはしだいに限られた有効性しかもち得なくなってきた。治癒可能な多くの伝染性疾患や急性疾患への有効な治療法が確立するのに伴い，皮肉なことに，医学が取り組まなければならない問題の多くは，単純な診断−治療のモデルでは扱うことが困難な，不確実で複雑なものとなった。苦しむ患者は，一人ひとりがみな異なっており，その苦しみをもたらしたり維持したりしている要因は単純ではなく，患者や医療者を取り巻く，複雑な生物−心理−社会的なネットワークに配慮することなく，有効な医

表4-1 Narrative Based Medicine の4つの特徴 (Tayler, 2010)

1. 病いは，患者の人生と「生活世界」という，より大きな物語において展開する1つの「章 (chapter)」と見なされる。
2. 患者は物語の語り手であるとともに主体として尊重される。
3. 医学的な仮説，理論，病態生理は，社会的に構成された物語であると見なされ，常に複数の物語が共存することが許容される。
4. 患者と臨床家の対話から浮かび上がる新しい物語は治療的な影響 (impact) をもたらすことが期待される。

療を行うことは不可能である。その中で，個々の患者の経験，患者の語る物語に注目し，その語りを尊重するところから医療を組み立てていこうとするような医療観が，実践や教育に大幅に取り入れられるようになってきた。このような医療観を総称して，医療におけるナラティブ・アプローチと呼ぶ。

おおざっぱにまとめると，1991年にEBMが提唱されてから，その後を追うようにして1998年に英国で提唱されたNarrative Based Medicine (NBM) (Greenhalgh & Hurwitz, 1998)[10]と，2000年から米国でスタートした医学・医療者教育のプロジェクトであるNarrative Medicine (NM) (Charon, 2006)[11]の2つのムーブメントを併せて，医療におけるナラティブ・アプローチとして理解するのがよいと思う。この2つのムーブメントはナラティブの重視という基本を共有しているが，ここでは，テイラー (Tayler, R., 2010) による，NBMの4つの特徴を表4-1に示す。[12]

医学におけるナラティブ・アプローチは，もちろん患者への診断・治療的なアプローチを軽視するわけではない。しかし一方でこのアプローチは，医療を，患者を対象とした客観的で合理的な実践としてだけ捉えることの限界を深く認識している。ナラティブ・アプローチが医療に導入されることにより，医療は「患者を客体と見なす，診断－治療の体系」から，「患者と医療者の関係性を中心に置く，間主観的な実践の体系」へと変容するのである。

河合は，臨床心理学における物語の重視と医学におけるナラティブ・アプローチの関係について，以下のように述べている。[13]

　　…すると医療は，近代科学だけではどうしても十分にいきません。

人間関係を大切にすることを前提にした場合，別の体系，例えば「医療学」が必要になってきます…そのような中で「物語（=narrative）」は非常に大事になってきます。物語の特徴とは「関係づける」ことです…最近この「Narrative Based Medicine」の存在を知り，とても驚きました。私が前から考えていたようなことがすべて書いてあり，嬉しくなって紹介しているのです。

このように，物語は，医学と臨床心理学を結ぶ重要な紐帯となりうると考えられる。

3．関係性

　第1章（本書13頁）においても簡単に触れたが，臨床心理学において「関係」「関係性」という概念を重視しない立場はないと言ってよい。しかし，「関係」「関係性」という概念には極めてわかりにくい側面があり，時には混乱の原因ともなっている。この問題について統一見解を得ることは困難であることを認めた上で，心理学的実践における「関係性（relationality）」の重要さについて，いくつかのポイントを述べたい。
　まず，「関係（relation）」の通常の意味であるが，多くの場合「相互に影響を及ぼし合うような状況」くらいの意味で用いられる。通常，関係という言葉が用いられる時には，「AとBとの関係」「セラピストとクライエントの関係」というような形で，要素（この場合はA，B，クライエント，セラピスト）の存在が前提となる。ここでは，既に要素が先験的に実在しているという世界観（実在論）が採用されていることに注意が必要である。しかし「要素が先験的に実在するのではなく，むしろ先行するのは関係であって，要素は関係に相関して立ち現れる」というような認識論を採用する立場もある。このような，「要素ではなく関係をむしろ一義的なものと考える立場」は必ずしも1つの学派だ

けにあるのではなく，心理療法における多くの学派が非明示的にこの考えを取り入れているように見える。

次に，しばしば「関係」と「関係性」という言葉は混在して使われるが，この両者は，互換的に用いられている場合もあれば，区別して用いられる場合もある。「関係性」という言葉が何を意味しているかについて，大きく分けて2つの用法があるように見える。

その第一は，「関係性」という言葉が，個々の関係のあり方を集合的に描写するような「関係のあり方の束」というようなニュアンスで用いられる場合である。例えば，ある特定の治療が相互信頼に満ちた良好な関係のもとで行われている時に，「この治療の"関係性"は良好である」あるいは「このセラピストはクライエントと"よい関係性"を築いている」というように表現される。この場合，個々の状況における個別の「関係」をより抽象化した「関係のあり方」の意味で「関係性」という言葉が用いられているように見える。しかし，このような表現においては，「関係性」を「関係」という言葉で置き換えても，実質的にはほとんど意味は変わらない。つまりこの用法では，「関係性」は「個々の関係」の個別性を薄めて描写するための単なる婉曲表現に過ぎないとも言える。

もう1つの「関係性」の用法は，「個々の関係を関係たらしめる抽象的な本質」という意味での用いられ方である。第1章で述べた，臨床心理学における共通原則の1つである「関係性の原則（principle of relationality）」における「関係性」はこの文脈において理解されるべきである。ここで言う「関係性」とは「臨床実践における行為や言述の意味・価値・機能は"関係"によって強く影響され，規定される」という原理である。単純な例を挙げる。クライエントがセラピストに「私の問題は解決できるでしょうか？」と尋ねた時に，セラピストが「それはわかりません」と答えたとする。クライエントはそれを聞いて落胆と絶望を感じるかもしれないが，もしかしたら，「私はこのセラピストとやっていくしかない」と覚悟が決まり，すっきりとした気持ちになるかもしれない。前者と後者の違いはどこから生じるかと言えば，それはクライエントとセラピストの「関係」で決まるのである。[*14]

このようなことがなぜ起こるかについての1つの説明はコミュニケーショ

ン論による説明である。臨床実践における"言葉や行為"と"関係"の間には，テクスト（文）に対するコンテクスト（文脈）と相似の"関係"が成り立っている。テクストはコンテクストなしには意味をもち得ないので，セラピストとクライエントの関係が文脈となって支援行為の意味づけや機能が決まる。一方で文脈（コンテクスト）とは，con-text（テクストに伴うもの）という意味であり，コンテクストそのものは明示化されず，テクストがどのように意味づけられるかによってコンテクストは事後的に推定される。

　この関係を，臨床実践で起こっていることに再度当てはめて考えてみると，個々の実践において取り交わされる行為は，どのような行為であれ，セラピストとクライエントの関係によって意味づけられ，規定される。それゆえ，実践において重要なのは実際の行為（介入技法）よりも，それを支えるセラピストとクライエントの関係（治療関係）であるということになる。しかし，一方でこの治療関係を言語化する行為は，本来はコンテクストとして機能するはずの「関係」をテクスト記述に換えてしまい，行為を意味づけるものとしての「関係」を無効化してしまう危険がある。

　1節で詳しく述べたように，機能的な対話とは，セラピストとクライエントが，そこで呈示されている話題を大切にしながら，互いの物語を交流させ，新たな物語を生成し共有していくようなプロセスである。対話が機能するためには，このような相互交流が，良好な関係に支えられる中で行われると同時に，対話的行為そのものが良好な関係を生成し強化していくという，自己言及的で再帰的な動的構造を形成していることが必要である。このようなプロセスは，関係が行為を意味づけるとともに，意味づけられた行為が関係を変容させ，新しい関係を生み出し，さらにその関係がさらなる新たな行為を意味づけるようなダイナミズムとして描写可能である。このような機能的な対話において働いている非明示的な性質を「関係性」と呼ぶことができるのではないだろうか。

註 ● ● ● ● ●

＊1　河合隼雄（1992）『心理療法序説』　岩波書店　p.3.

*2 対話を，治療者−話題−患者の 3 項関係と考えるアイデアは，以下に詳しい。
神田橋條治（1990）『精神療法のコツ』 岩崎学術出版
また，コミュニケーションの 3 項構造については，発達心理学の共同注視の概念や，小津安二郎の映画に至るまで，さまざまな学者によって論じられている。

*3 傾聴の基本的な態度として attention（注目／配慮）という表現を用いるのは，シャロンの Narrative Medicine の考え方に基づいている。以下を参照のこと。
Charon, R. (2006) *Narrative medicine: Honoring the stories of illness*. New York: Oxford University Press.（斎藤清二・岸本寛史・宮田靖志・山本和利（訳）(2011)『ナラティブ・メディスン――物語能力が医療を変える』 医学書院 pp. 190-222.）

*4 神田橋條治が，精神療法的面接のコツとしてまとめた，極めて汎用性の高い表現。神田橋によれば，「抱えてから揺さぶる」という原則は，精神療法における個別のフレーズ，セッション，シリーズ全体などの異なったレベルに対して適用が可能で，これは実践のフラクタル構造を反映していると論じた。詳しくは以下を参照のこと。
神田橋條治（1990）『精神療法面接のコツ』 岩崎学術出版社

*5 日本語における「表現」は，英語では representation の他に，expression（表出）がある。後者は，「あらかじめ個人の内面にあるものを外に出す」というニュアンスが強いのに対して，前者は「他者から取り込んだものを自分の中を一度通して消化し，新たに創造し直したものを外に出す」というニュアンスが強い。この概念についても以下のシャロンのナラティブ・メディスンを参照のこと。
Charon, R. (2006) *Narrative medicine: Honoring the stories of illness*. New York: Oxford University Press.（斎藤清二・岸本寛史・宮田靖志・山本和利（訳）(2011)『ナラティブ・メディスン――物語能力が医療を変える』 医学書院 pp.190-222.）

*6 ナラティブの定義には定まったものはなく，広い意味から狭い意味まで複数の定義がある。筆者が採用している定義は，人類学者のアラン・ヤング（Allan Young）の考え方に影響を受けている。

*7 物語性（物語を物語たらしめている抽象的な性質）を見抜くことが，物語を文字通りに信じてしまう危険性を軽減するという考え方については，以下を参照のこと。
斎藤清二（2006）医療におけるナラティヴの展望――その理論と実践の関係 江口重幸・斎藤清二・野村直樹（編）『ナラティヴと医療』 金剛出版 pp.245-265.

*8 河合隼雄（1992）『心理療法序説』岩波書店 p.192.

*9 McNamee, S., & Gergen, K. J. (Eds.) (1992) *Therapy as social construction*. Sage Publications.（野口裕二・野村直樹（訳）(1997)『ナラティヴ・セラピー――社会構成主義の実践』 金剛出版）

＊10　Greenhalgh, T., & Hurwitz, B.（Eds.）（1998）*Narrative based medicine: Dialogue and Discourse in clinical practice*. London: BMJ Books（斎藤清二・山本和利・岸本寛史（監訳）（2001）ナラティブ・ベイスト・メディスン――臨床における物語りと対話　金剛出版）

＊11　Charon, R.（2006）*Narrative medicine: Honoring the stories of illness*. New York: Oxford University Press（斎藤清二・岸本寛史・宮田靖志・山本和利（訳）（2011）『ナラティブ・メディスン――物語能力が医療を変える』　医学書院）

＊12　Taylor, R. B.（2010）*Medical wisdom and doctoring-the art of 21st century practice*. New York: Springer. pp.53-54.（石山貴章（監修）三枝小夜子（訳）（2017）『医の知の羅針盤――良医であるためのヒント』　メディカル・サイエンス・インターナショナル）
　　上記の日本語訳が出版されているが，本章においては筆者独自の訳を採用した。

＊13　河合隼雄・斎藤清二（2000）対談：ナラティブ・ベイスト・メディスン――医療における「物語と対話」『週刊医学界新聞』2409号

＊14　河合隼雄は，自身の精神療法についての処女作とも言える論文（「ユング派の精神分析」）の冒頭において「精神療法の基盤は治療者と患者の関係である」と言い切っている。また，『心理療法序説』において，「心理療法は人対人の関係を基礎としている」(p.161）と述べている。これらの記述において，本邦の臨床心理学における「関係性重視の原則」がはっきりと宣言されている。同じような原則を示唆する例として，河合はしばしば，「セラピストは『分からない』という言葉で勝負する」と表現している。

＊15　コミュニケーションにおいて，テクストを意味づけるコンテクストの働きと，テクストとコンテクストの関係を論理階型という概念を用いて明確に記述したのはベイトソン（Bateson, G.）である。以下の文献等を参照のこと。
　　グレゴリー・ベイトソン（著）佐藤良昭（訳）（2000）『精神の生態学』　新思索社

補論4

過食・嘔吐に悩まされるクライエントとの心理療法
──対話による物語の共同構成と変容──[*1]

◉ はじめに

　第4章において，臨床心理学的実践を下支えする，対話，物語，関係性の重要性について論じたが，実践が有効に行われる時には，これらが複雑に絡まり合いながら即興性を含みつつ展開する。そのような実践を，一般性を担保しながら描き出すことは困難であり，具体的，個別的な事例の描写によってのみ，その一部を伝達することが可能であると思われる。本補論では，あるクライエントと筆者との心理療法的対話の一部をできるだけ具体的に提示することによって，それを読者に伝えることを試みる。

◉ 事　例

　Cさんは20歳の女子大学生。14歳頃から過食・嘔吐があり，大学入学後は安定していたが，実家へ帰ると悪化するということが続いていた。半年前から，ほとんど毎日食べ吐きをするようになり，学生相談室に自主来談した。
　Cさんは子どもの頃から，優等生であることを期待され，家族の中で調整役を強いられてきたと感じていた。Cさんは「ペルソナ（仮面）」を被り，それを被り続けることに限界を感じるとともに，母親の期待を裏切ることへのアンビバレンスにも悩まされていた。
　Cさんの語りは，現在の家族関係のみならず，自身の生育歴を含む家族の歴史，さらにはそれを包み込む故郷の社会や歴史へと発展していった。10回に及ぶ面接では，物語をまとめきれないCさんの苦悩が表現され，母親との激しい口論を夢の中で体験するまでになった。
　そのような中で，行われた面接の一部を以下に再構成する。

Cさん　人間というものは，親以外の性格にはなれないものでしょうか。父と母が仲良

くして，自立してくれるのが，私の望みです。でも，自分も，父と母の性格を受け継いでいるのがよくわかります。姉は母と性格がよく似ています。私は父親似。母は猫型で父は犬型。母と姉は，戦闘タイプで，徹底的に相手を攻撃しますが，わかり合えないと思うと，完全に無視します。

筆　者　サイヤ人みたいですね。

Ｃさん　そうそうその通り。友人にもそう言いました（笑）。サイヤ人のような狩猟民族タイプ。父は，自分からは何もしない人。私は仲を取り持とうとする。父と私は農耕民族型です。

筆　者　じゃあ，あなたはナメック星人。ナメック星人は，戦闘タイプから長老まで，多彩。

Ｃさん　父はなにもしないナメック星人。祖母もナメック星人ですが，お嬢様育ちなので…

筆　者　パーティーをくんで，ラスボスを倒すというのがよいのでしょうが…

Ｃさん　うちの家族は戦士が２人で，お互いにけんばかりしています。父は僧侶で，私は魔法使い，いや商人かな。

筆　者　商人から転職した魔法使いというところかな？

Ｃさん　戦士２人が協力してくれれば，ラスボスを倒せるのですが，難しいです。

筆　者　ラーの鏡でも見せたら？

Ｃさん　見る前に割ってしまうと思います（笑）

筆　者　あとは，フュージョンするしかないですね。

Ｃさん　誰がゴテンで誰がトランクスかもわかりません（笑）…こういう話ができると楽しいです。自分はわりとその場をしのぐためには何でもするところがあって，それを見抜く人から見ると腹が立つらしいです。姉にはよく見抜かれます。でもそれが私の性格。家に帰ってもなんとかやっていけそうな気がしてきました。

　Ｃさんは，その後実家に戻り，１か月後に次回面接が行われた。

Ｃさん　実家へ帰って，自分の気持ちをはっきりと説明して，今後の長期的な約束を取り付けてきました。それで，かなりすっきりできました。過食嘔吐はほとんどありません。体重が少し増えてきていますが，気分的に揺さぶられる度合いは以前に比べると格段に減りました。症状も，気分も落ち着いてきたので，面接はいったん終結として，必要な時に再来室ということにしようと思います。

　面接は１２回で終結し，Ｃさんは再度来室することはなく，卒業研究を終了して翌年

無事卒業した。

● 考　察

　神経性過食症（BN）の病態は，現在のところ全てが明らかになっているわけではない。しかし，臨床上いくつかの重要なポイントについては，ほぼ合意が得られている。それらを列挙すると，以下のようになる。

①過食・嘔吐という行動には，不快な情動（ストレス）に対するコーピングという側面が明らかに認められる。
②過食・嘔吐という行動には悪循環を誘発するという特徴がある。
③不快な情動を通じて，過食・嘔吐を誘発し，強化するプロセスの根底には，非論理的信念，完全主義傾向などの一定の認知的特徴が認められる。
④痩せ願望，肥満恐怖が過食・嘔吐行動の強化に強い関連をもっており，社会・文化的な表象がマスコミ情報からのプレッシャーなどを通じて，認知の歪みに強い影響を与えている。
⑤社会的相互交流，特に家族間での交流パターンが，悪循環の形成に重要な役割を担っている。

　Ｃさんの過食・嘔吐には，上記の複数の要因が関連していると思われるが，初期の面接から，実家での人間関係が，Ｃさんが感じるストレスのうちの重要な部分を占めていることは明らかであった。Ｃさんは，自分や自分の置かれている環境について豊かに語ることができ，自己洞察も豊かであり，通常の対話による心理治療が十分に適用できる人だった。しかし，そのようなＣさんも10回を越える面接の中で，家族との関係の中での自己について，物語をまとめきることができず，苦しむ状況が続いた。そのような中で，Ｃさんと筆者は極めてユニークな対話をすることになった。
　その対話は，「人間というものは，親以外の性格にはなれないものだろうか」というＣさんの独白で始まった。Ｃさんは，家族間の関係を，豊かな比喩を用いながら，しみじみと語り始めた。Ｃさんが用いた「戦闘タイプ」というキーワードに，筆者は触発されるところがあり，思わず，「サイヤ人みたいですね」という言葉が口をついて出た。この言葉に対するＣさんの反応は，間髪を入れない，非常に生き生きとしたものであった。Ｃさんは，自分と家族の関係，家族同士の関係を，筆者が投げ込んだ「ドラゴンボールのメタファー」を用いて，生き生きと語り始めた。そこで，筆者は，『ドラゴンボール』から『ドラゴンクエスト』へと，物語のコンテクストを変換する。すると，Ｃさ

んは間髪を入れずに，さらに物語を発展させる。ここでは，父，母，姉，Cさんの4人家族が，いつのまにか，4人で協力して魔王を倒す協働的な集団イメージへと変容している。ドラゴンクエストのコンテクストを，筆者とCさんは嬉々として共有しながら，話は発展していく。最後に，筆者はもう一度，「あとは，フュージョンするしかないですね」と語ることによって，コンテクストを『ドラゴンボール』に戻すが，これにもCさんは易々と「誰がゴテンで誰がトランクスかもわかりません（笑）」と応じる。

いったい，この対話は何をしているのだろうか。Cさんは，現実（と感じられている）の家族関係を語っているように見えながら，同時に『ドラゴンボール』や『ドラゴンクエスト』の非現実的（集合的）な物語を語っている。

このセッションでの奇妙な二重に進行する対話は，Cさんにとっては単なる雑談以上の意味をもっていたと思われる。Cさんはこう語っている。「こういう話ができると楽しいです。自分はわりとその場をしのぐためには何でもするところがあって，それを見抜く人から見ると腹が立つらしいです。姉にはよく見抜かれます。でもそれが私の性格。家に帰ってもなんとかやっていけそうな気がしてきました」。ここで，Cさんは，歴史性を有する複雑に絡み合った家族物語を整理し，自分自身の役割をきっちりと肯定できる物語を構築し得たと言える。そのためには，鋳型となる物語が必要であった。『ドラゴンボール』や『ドラゴンクエスト』の物語は，Cさんにとっては，自分が成長していく過程において，現実の人生の物語を生きていく上での「物語の鋳型」を提供するものであろう。おそらく，こういった，「範例的な物語」は，昔であれば，宗教説話や，民話がその役を担っていたのであろう。しかし，Cさんなど現代の若者にはそういう意味での所与の範例的な物語は存在しない。それに変わる範例的な物語は，彼女らが物心ついた時には，既に世界を構成していた『ドラゴンボール』や『ドラゴンクエスト』の物語なのである。

そして，比喩的に言うならば，Cさんは1人の商人／魔法使いとして，狂戦士（バーサーカー）である姉や母と共闘する役割を自分のものにしたのであろう。そうすることによって，Cさんの家族は，その中で互いが相争う集団ではなく，協力しながら世界を救済するパーティー（協働集団）となるのである。その中では，父も母も姉もCさんも，自分の居るべき場所を与えられる。そのような物語の再構築をCさんは成し遂げ，構成された物語はその後のCさんの人生において刻々と生起するできごとを，その物語にそって意味づけるコンテクストの役割を果たし続けているのではないかと思われる。

上記のような，奇妙な二重対話が治療的な意味を発揮するために，筆者の存在はどのような役割を果たしたのだろうか？　Cさんとの対話の中で，筆者は自分自身の治療者という役割から自由になり，こころの赴くままに，二重対話を楽しんだ。そこでは，「これはドラゴンボールの話です」とか「これはドラゴンクエストの喩えです」といったメッ

セージは言語的には全く発せられていない。つまり，2人の間で交わされた会話のテクストは，隠された共通のコンテクストを共有するための謎めいた会話であり，Cさんと筆者は，その隠されたコンテクストを易々と共同構成した。それは，2人の依って立つ世界の発見であるとともに創造の体験であった。ここまでの面接における関係性の蓄積の上で，このような，「コンテクストの探索と共同創成」の作業は，筆者とクライエントの関係を強化するとともに，クライエントにとっては，「私の世界は他者と共有されている」という感覚を強化するものと思われる。この両者の関係は，互いに向き合う二者関係というよりは，話題を共有しつつコンテクストを共有する横並びの関係である。このような関係は，極めて治療的であると同時に，濃密な転移－逆転移関係に陥る危険性の少ない安全な関係であると思われる。

筆者とクライエントの間で取り交わされた，一見無意味に見える「テクスト」群は，2人の間の関係（ともに話題の交換を楽しむ協働者）によって刻々と意味づけられていた。これによって，この対話は治療効果を発揮しているのであり，このような動的構造そのものが，臨床心理学的支援において欠くことのできない「関係性の原理」を具現していると言えるのではないだろうか。

註●●●●●

*1　この内容は，以下の内容の一部を抜粋し改変したものである。
　　斎藤清二（2011）マンガがつなぐ臨床──心理治療の契機としてのコンテクストの共有と場のマネジメント　『こころの科学』　156号　pp.2-8.
　　またこの事例の全体像については，以下を参照のこと。
　　斎藤清二（2013）『事例研究というパラダイム──臨床心理学と医学をむすぶ』　岩崎学術出版社　pp.176-198.

第5章

臨床心理学と多元主義

　これまでの章で論じてきたように，臨床心理学は"複雑な"学問領域である。まず，臨床心理学は，理論と実践（行為）の2つの大きな要素を含み，両者は複雑な形で絡み合っている。本書では，両者の関係を現す表現の1つとして「科学を利用する科学」という表現を提案してきた。これは2種類の科学的合理性（合法則的合理性と合目的的合理性）が重層する構造として臨床心理学を描写するものである。しかし，これはあくまでも，「科学」という切り口から臨床心理学を表現しようとしたものであり，さらに実践の観点から細かく吟味するならば，臨床心理学は明らかにそれ以上のものを含んでいる。前章では，臨床心理学における科学的実践を支えるものとして，対話，物語，関係性の3つの概念を検討し，「継続的な支援関係」という基盤の存在を指摘した。

　臨床心理学の根幹に「苦しむ人へ支援」という行為を置くならば，その実現のために，単一の理論，方法論によって常に対応できると考える人は少ないだろう。しかし現実には，臨床心理学における複数の立場が互いにその正当性を主張して相争っている現状も否定できない。このような事態をどう扱うべきかについて，ある程度の合意を確立することは喫緊の課題である。

　本章では，臨床心理学は多元的な学問領域であるということを基本的な認識としながら，その実際についてさまざまな側面から検討していきたい。第一に，臨床心理学およびその実践を下支えする総合的なモデルとして近年論じられている，生物－心理－社会（BPS: Bio-Psycho-Social）モデルについて検討する。次いで，近年BPSモデルを激しく批判しつつ，問題提起を行っているナシア・ガミーの『精神医学原論』を参照しつつ，こころの支援における4つの態度である，教条主義，折衷主義，多元主義，統合主義について整理する。最後に近

年の臨床心理学における教条主義的対立の現状を描写しつつ，本邦独自の，多元主義的な臨床心理学的実践のあり方について論ずる。

1．生物－心理－社会（BPS）モデル

　1977年，米国の心身医学者であるエンゲル（Engel, G. H.）は，世界的な科学雑誌である *Science* 誌に「新しい医学モデルの必要性——生物医学への挑戦」と題する論文を発表した[*1]。

> 心理生物学的統一体としての人間は，患者が呈示する問題がいかなるものであっても，それを評価し一連の行為選択を推奨することへの責任を受け入れることを医師に要求する。その行為には他の援助職への紹介も含まれる。それゆえ，医師の専門職としての基本的知識と技術は，社会的，心理学的，および生物学的側面を網羅していなければならない。なぜなら，患者のための医師の決断と行為は，これら三つのすべての領域に及ぶからである。　　　　　　　　　　（Engel, 1977[*2]）

　エンゲルは，この論文の中で，これまでの医学が生物学医学的な側面に偏っていたことを批判し，心理社会的な側面を含めて全人的に患者を理解する必要性を論じた。この BPS モデルは，医学領域全般，特に心身医学，精神医学の領域に大きな影響を与えた。
　BPS モデルの理論的基盤は，ベルタランフィ（Bertalanffy, L.）が提唱した一般システム論[*3]（general system theory）にある。システム論は，近代科学に代表される線形因果論，還元主義，人間機械主義に対して対抗的な，広範な全体論的な世界観を示す壮大な理論である。その基本を要約すると以下のようになる。

1) システムは相互に作用しあう複数の部分から成り立つ。
2) システムは部分に還元することができない。
3) システムは目的に向かって動いている。
4) 1つのシステムの中には独特の構造を持った複数の下位システムが存在する。
5) 下位システム同士は相互に作用しあいながら調和し，全体としてまとまった存在をなす。

　一般システム理論によれば，各種システムには同型性（isomorphism）が存在するため，種類の異なるシステムの諸現象を，同一の原理を使って理論化することが可能である。一般システム理論では，「開放システム」「ホメオスターシス」「フィードバック」などの概念で，生物学（＝生物システム），心理学と精神医学（＝心理システム），社会科学（＝社会システム）における諸現象を説明する。

　医学の文脈において，特定の問題を有する個人としての患者への支援を考える時，その個人は複数のレベルのサブシステムから構成される1つの全体と考えることができる。例えばその患者は，一個の生物として，臓器レベル，細胞レベル，分子レベルなどの複数のサブシステムからなる有機体であると考えることができる。このような生物としての個人を基盤として，人間は固有の心理レベルの活動を行うサブシステムとしての活動を行う。この心理−生物学的な存在としての人間は，さらに個々人を超えて，家族，社会，文化，人類といったより包括的なシステムのサブシステムとして機能していると考えられる。

　各々のサブシステムは，特に隣接するシステムと相互作用を行っており，1つのサブシステムにおける変化は隣接する（上位または下位の）サブシステムに影響を与え，最終的にはシステム全体に影響を与える。このようにして，BPSモデルにおいては，患者は少なくとも3つ以上（生物レベル，心理レベル，社会レベル）の複数のレイヤーをもつシステムとして理解されることになる（図5-1）。

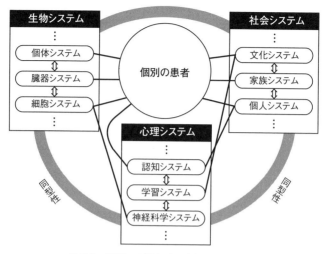

図 5-1　BPS モデルによる患者の理解の一例

　エンゲルの BPS モデルは,「全人的医療」というスローガンと相まって, 広範囲の医学領域に浸透した。本邦において最もそれを強調したのは心身医学領域であり, 米国では精神分析と生物学的精神医学の妥協点を探る理論として精神科領域において普及したとされる。現在, 日本の臨床心理学においても, 特に認知・行動主義の立場から, 臨床心理学的実践は BPS モデルに則って行われるべきであるという主張がなされている。

　しかし BPS モデルが, 従来の医学や心理学, 社会学などを根本的に変革する力になったかといえば, そうは言えない。ハンター (Hunter, K. M.) はこのあたりの事情を「革命をもたらす可能性のあるエンゲルの立場に対しての医学における反応は明らかに奇妙であった。誰も反対しないのだが, ほとんど何も変わらなかったのである。これは一部には『生物医学モデル』の概念は, 実践においてほとんど存在しないものを指し示しているという事実による」と描写している[*4]。

　さらに, 米国の精神医学においてはナシア・ガミー (Ghaemi, N.) による, BPS への痛烈な批判が展開された。ガミーは以下のように述べている[*5]。

生物・心理・社会モデルが一見表面上は魅力的であるのは，ある水準においては，それが間違いなく正しいと思われるところにある。どんな精神医学的病態も，少なくともある一定の程度まではこれらの三つの側面があるように思われるからだ。しかし，そのことが正しいのは正しいとしても，そこから与えられる解釈はありふれたものでしかない。そのような解釈には意味がほとんどなく，臨床医，研究者，患者に，指針となるものをほとんど何も与えてはくれない。現代の精神医学の正統として政治的にも正しい意見として祭り上げられ，非難した者などほとんどいないが，生物・心理・社会モデルは基本的には不毛なものである。そしてこのモデルが何かを主張しようとするのであれば，それは結局のところ問題の多い折衷主義を単に主張しているに過ぎない。 (訳書p.14)

結局のところ，ガミーは，BPSモデルは何でもありの折衷主義であり，特定の不適切な主張を退けることができないので，むしろ教条主義の復活・跋扈を防ぐことができない，と主張している。そのような折衷主義に変わる考え方として，彼は多元主義を提案している。

2．教条主義，折衷主義，多元主義，統合主義

ガミーは，その著書『現代精神医学原論 (*The concept of psychiatry: A pluralistic approach to the mind and mental illness*)』において，現代の精神医学領域におけるさまざまな考え方の現状を以下の4つに分類している。

1. 教条主義：自分の拠って立つ理論，方法論は正統なものであり，他の理論，方法論の正当性（極端な場合は存在さえ）を認めない立場。極端に言えば，どのような患者のどのような状態に対しても，自分が拠って立つ立場からの

アプローチを行う。ガミーはその例として，① 生物学的還元主義，②正統的精神分析を挙げている。
2．折衷主義：複数の理論，方法論を認めるが，特定の状況で特定の患者に対してどのようにそれらを適合させたり選択したりするかという原則を欠いている。いわゆる「何でもあり」「行き当たりばったり」。ガミーは，現代のBPSモデルによるアプローチはこの状態に堕していると主張している。
3．多元主義：依拠する理論や立場の複数性を許容するが，実践においては，その患者のその特定の状態に応じて，できる限り1つの方法を適用する。ガミーはカール・ヤスパース（Jaspers, K.）のアプローチをその一例として挙げている。
4．統合主義：拠って立つ理論はできる限り全ての患者の全ての状態に適合できるような1つの理論の構築を目指す。実践においては，個別の患者の個別の状態に適合的な複数の方法を使うことをためらわないが，その方法は1つの統一された理論によって支えられている。ガミーは，エリック・カンデル（Kandel, E. R.）を代表とする神経可塑性の理論をその候補として挙げている。

　ガミーの主張が，臨床心理学の領域においてそのまま当てはまるかどうかには，慎重な議論が必要と思われるが，少なくとも議論の出発点としての見取り図を与えてくれるという点では有用である。臨床心理学の現状を冷静に見ると，確かに教条主義同士の不毛な対立や議論を見聞きすることがないわけではない。補論2で整理した，臨床心理学における3つの基本的立場，①認知・行動主義，②深層心理学，③人間性心理学的アプローチは，基本とする認識論や，具体的な方法論について，それぞれ異なった考えをもっており，時にそれぞれが全く相容れない考えを主張してぶつかり合うこともある。その典型例は，認知・行動主義が厳密な科学性を主張し，精神分析が教条主義的原則にこだわった時に生じる対立であると思われる。
　以下はある匿名の投稿者によってTwitter上に公開されたラップの一部である[*6]。溢れるユーモアの中に，このような教条主義同士の対立が鋭く描き出されている。
　このラップの作者は，教条的な認知行動療法家と精神分析家の対立的（ある

【先攻】MC. CBT
精神分析は単なる妄想♬
机上の空論はもう，よそう♬
だって解釈は人を裁く♬
その不毛さはまるで砂漠♬
こちとら科学，てめらの嘘を暴く♬

【後攻】MC. 分析家
まず裁く解釈って偏見に驚愕♬
慎重に避けたい魂のカット♬
抱えやすくする心の葛藤♬
漂う注意が自由にフライト♬
それ言ったのは創始者フロイト♬

【先攻】MC. CBT
はいはい，どうせ似非科学♬
何を言おうと逃げればラク♬
誠実じゃないから患者が泣く♬
何がフロイト♬もうほんと古いよ♬
深いとこ掘って落ちてろ古井戸♬

【後攻】MC. 分析家
知らねえな分析の変遷♬
それじゃ噛み合わねえ全然♬
禁じ得ないベックに絶句♬
反吐がでるほどのシステム好き♬
現代社会の死んでる目つき♬
きっと患者も凍ってる背筋♬

…（以下略）

いは相互非難の）言説を，皮肉を込めて強調しているが，各々の立場に立つ者の全てが教条主義者であるわけではないことを作者も十分に承知している。実際このような風刺とユーモアに満ちたラップ（音楽性とリズムが用いられていることも重要）が，立場を超えた専門家集団の間で人気を博しているということ自体が，臨床心理学という多元的な世界において，それぞれの多彩な立場を明確に描き出すとともにそれを総合的に包容しようとする努力の現れであるとも言える。一般的に言えることであるが，各々の立場の内部での多様性は，立場間での違いよりも大きい。精神分析にも比較的教条主義的な人もいれば，多元主義的な人もいる。それは認知・行動主義においても同様である。一方で，多くの専門家は自分の中の教条主義的な部分を認めたがらないものである。ガミーは以下のように述べている。

> なぜ多元主義者であるのは難しいのか？ 生物・心理・社会モデルの何がそれほどだめなのか？ 今日ほとんどの医師はその実践において教条主義者であるが理論においては折衷主義者であるということを，この章では説明していきたい。そして生物・心理・社会モデルの下で起きているこのような事態の誤りを示していきたい。さらに，教条主義が隅から隅まで染み渡った精神医学においては，多元主義を受けいれるということは，終わることのないゲリラ戦で教条主義と戦うことである，ということを主張していきたい。　　　　　　（訳書 pp.422-423）

ガミーは精神医学において，教条主義と折衷主義は好ましくないとしており，多元主義がそれに代わるものであり，統合主義は望ましいがいまだ達成されていないという考えを主張している。

3．多元的・総合的な臨床心理学的実践

　前節で考察したように，臨床心理学における基本的な3つの立場それぞれが，実は多元主義的な側面を備えている。再度，簡略に概観してみたい。

　認知・行動主義は，ワトソン（Watson, J. B.）とスキナー（Skinner, B. F.）による学習心理学を基盤とした行動主義に始まり，実証的科学データを重視しながら，理論・方法論を発展させていった。ワトソンの立場の展開は方法論的行動主義と呼ばれ，第一世代の行動療法は主としてこの立場をとっている。スキナーのそれは徹底的行動主義と呼ばれ，応用行動分析，臨床行動分析へと発展した。さらに認知心理学をその理論的基盤とする認知療法が，ベック（Beck, A. T.）やエリス（Ellis, A.）によって開発され，速やかに行動療法的技法を取り入れて，第二世代の認知行動療法（CBT）に発展した。CBTは，理論的には認知理論と学習理論という異なる複数の理論に依拠しており，そもそも理論的多元主義を採用しているとも言える。さらに方法論的に言えば，認知へのアプローチと行動へのアプローチを状況と適応によって協働探索的に選択しながら適用していくという点で，方法論的多元主義を採用しているとも言える。エリス[*7]は「私・あなた・世界は絶対にこうでなければならない。そうでなければ最悪だ」とする考え方を「非論理的信念（irrational belief）」と名付け，「私・あなた・世界はこうであることが望ましいが，そうでないとしてもおしまいではない」というより合理的な考え方に変えていくことを提唱した。非論理的信念は典型的な教条主義者の思考であり，認知療法は一般にこれをより柔軟で多元的な思考に再構成することを具体的な目標にする。

　近年では，さらに新しい理論（機能的文脈主義など）や従来必ずしも科学的とは見なされていなかった方法論（マインドフルネス瞑想など）をも取り入れて，第三世代の認知行動療法へと発展しつつあり，ますます多元的・総合的な立場をとりつつあるように見える。

　深層心理学は，フロイトの古典的精神分析学から発展して，対象関係論，自我心理学，ラカン派，新フロイト派，自己心理学，アタッチメント理論などの複数の理論を発展させている。各々の理論に依拠する専門家は，どちらかとい

えば自分が採用している理論が統合理論（全てを説明しうる単一理論）であると見なす傾向は見られるが，近年ではそれぞれが互いの理論を取り入れつつ多元的な立場を採用する傾向も強くなっている。ユング派の考え方は元来目的志向的で，多元論に親和性をもつ。特に日本では，独特の多元主義的発展を遂げており，これについては次節で論ずる。

人間性心理学的アプローチは，もともと多彩な方法論をもっており，方法論的には多元主義的である。理論レベルでいうと，人間それ自体がもつ成長可能性，創発，自己実現などへの信頼を共通項としており，システム論などの全体性志向的な理論との親和性が高い。ナラティブ論などの構成主義も基本的には多元主義的である。

このように考えると，臨床心理学は確かに教条主義間の対立という側面をもっていることは否定できないとはいえ，自らを教条主義と名乗るものはほとんどいないという点から，教条主義対多元主義という二項対立を強調しても，その議論はいわゆる「藁人形論法」に陥りやすいとも言える。精神医学を「教条主義との継続するゲリラ的戦い」と表現したガミーの考えは納得できるとしても，それをそのまま本邦の臨床心理学に当てはめるかどうかについてはさらなる議論が必要と思われる。

4.「日本のありふれた心理療法」に見られる多元主義的総合モデル

東畑は著書『日本のありふれた心理療法』[*8]において以下のように書いている。

> 「日本のありふれた心理療法」は，「日本の心理療法」がさらに現場レベルで妥協され，折衷されていくところに生まれるということだ。その象徴とも言えるのが，いわゆる「認知行動療法をトッピングした精神分析もどきのユンギアンフレイヴァー溢れるロジェリアン」と揶揄されるような心理療法だ。…しかし，それは安易になされたものでは

なく，実際には葛藤しながらなされた，悩ましいものだと思う。折衷的心理療法は，様々な資源が乏しい中で，それでもその日の面接に臨もうとするときに，苦肉の策をとり続けてきた結果生まれるものである。それは苦しい妥協の産物なのだ。だからこそ多くの心理臨床家は「統合しています」と胸を張って言うのではなく，どこかうら恥ずかしそうに「折衷です」と小さな声で言うのであろう。　　　　　(pp.4-5)

　この東畑が自虐的なニュアンスを込めて描写した「認知行動療法をトッピングした精神分析もどきのユンギアンフレイヴァー溢れるロジェリアン」という，日本のありふれた心理療法の描写は，単なる無原則で無責任な折衷主義の産物なのだろうか。前節でガミーが述べている多元主義と折衷主義の違いについての主張と照らし合わせて，丁寧に論じる必要があるだろう。東畑の描写する折衷的心理療法には，方法レベルでは「認知・行動主義」「深層心理学」「人間性心理学的アプローチ」の臨床心理学における3つの大きな立場が全て含まれている。本書においてこれまで強調してきたように，この3つの大きな立場は，認識論，理論，方法論レベルにおいてそれぞれ共約不可能性をもった異なった独自のパラダイムであるにもかかわらず，そこには明らかに臨床心理学的実践（心理療法やカウンセリングを下位概念として含む）としての共有可能な原則がある。臨床心理学的実践を，個別技法要因と共通要因の二層構造と見なす考え方はこれまでも多く主張されてきたが，しばしばそれは「個別技法要因と共通要因のどちらが重要なのか」というむしろ不毛な論争に陥ってきた。
　それでは，全体的な視点を保ち，複雑性と豊饒性を失うことなく，混乱と内部対立を避けながら，現代の臨床心理学を理解し，実践していくにはどうすればよいのだろうか。ガミーの言葉を借りればそれは，「教条主義に対抗しながら折衷主義に陥らないような道を探る」ということになるだろう。能動的に表現すればそれは「理論レベルでは多元主義で，実践レベルでは，使えるものは何でも使う，ブリコラージュ的総合主義」ということになるだろう。すなわち，実践のために利用する理論と方法論の多元性を認めつつ，実践そのものにおいては，「現前する苦しむ個人のために最良の，ある程度の一貫性を備えた関わりを，その都度即興的に創造する姿勢」と表現されるだろう。

日本の臨床心理学に大きな影響を与えた河合隼雄はこの問題についてどのように主張していたのだろうか。河合は「セラピストとクライエントの関係」を心理療法の基盤として最も重要視するとした上で，技法を訓練することの重要性について以下のように書いている。[*9]

> 心理療法を行ってゆく上において，愛とか出会いとかについて考えを深めることは必要なことは当然である。ただ実際的な事実から言えることは，宗教，哲学，教育に関する偉い学者でも，実際は目の前に妄想を語る人や自殺未遂の人が現れると，どうしていいか分からないことが多いようで，それよりは臨床心理学の訓練を受けた大学院生が会う方が，意味のあることができる，ということである。　　(p.158)

　また，河合は技法の選択については，以下のように述べている。

> 心理療法家は自分の得意とする技法を身につけ，それを中核としてある程度，他の技法のことを理解したり，時には補助的に使用したりということになるであろう。もちろん基本となるのは対面の話し合いであるので，これができなかったら問題外であるが，その他に何らかの技法を身につけている方が便利なように思う。　　(p.171)

　河合の立場は，複数の技法を学んだり，それを使用したりすることを否定していない。しかし，各々の技法は特定の理論，認識論と結びついているので，その技法を選ぶことは当然，その理論，認識論を理解することが必要になる。その意味で，理論や経験から切り離された（表層的な）折衷主義的な技法の用い方には河合は明確に反対している。しかし，各学派の理論と技法のどれを選択するかについては，「相違や相性はあるが優劣はない」ということを明確に主張している。このように，臨床心理学的実践における技法についての河合の主張は基本的に多元主義的である。しかし，一方で,「『関係性』という基盤にしっかりと支えられた技法の自在な選択」という構造として臨床心理学的実践を捉えるならば，個別の状況において創発される構造自体は総合的であり，臨床心

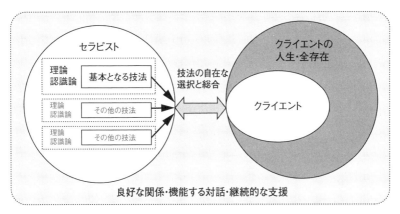

図 5-2　臨床心理学的実践における多元主義的総合モデル

理学的実践は多元主義的総合モデル（Pluralistic Comprehension Model）として理解できるのではないかと思われる（図 5-2）。

　臨床心理学的な支援・治療（広義の心理療法）は，共通基盤としての「良好な関係」「機能する対話」「継続的な支援」によって支えられている。この3つの共通要因は，学派により認識の仕方に若干の相違があるとはいえ，認知・行動主義，深層心理学，人間性心理学的アプローチの3つの立場のいずれにおいても重要であると認識されている。その共通基盤に支えられる形で各々の学派の支援・治療の技法が駆使される。これらの技法は非常に多彩である。認知・行動主義的技法が目指す目標は，クライエントが拘束的な思い込みから自由になること（認知の柔軟性の獲得）と，行動的 QOL が高まる（クライエントにとって意味のある行動の選択肢が豊かになり，それが実行できるようになる）ことである。深層心理学の治療技法の共通点は，意識と無意識の間の豊かな交流を促進することである。その交流がクライエントの成長や人生に意味をもたらすことを，深層心理学は信じている。人間性心理学的アプローチは，クライエントの自己実現傾向，能力，成長可能性に全幅の信頼を置き，クライエントが自らの体験を通じて自己実現への道を歩むことをさまざまな技法や治療者／支援者の態度を通じて促進することをその共通の目的とする。このように，それぞれの学派がクライエントとともに歩む経路や用いる技法は異なっていても，臨

床心理学的な実践はその基盤と共通目標を共有する総合的なアプローチであると言える。

註 ●●●●●

＊1　Engel, G. H.（1977）The need for a new medical model: A Change for biomedicine. *Science*, 196: 129-136.

＊2　日本語訳は以下の文献による。
渡辺俊之・小森康永（2014）『バイオサイコソーシャルアプローチ──生物・心理・社会的医療とは何か』　金剛出版

＊3　Bertalanffy, L.（1968）*General system theory*. New York: George Brazille（長野　敬・太田邦昌（訳）（1973）『一般システム理論』　みすず書房）

＊4　Hunter, K. M.（1991）*Doctors' stories: The narrative structure of medical knowledge*.NJ: Princeton University Press（斎藤清二・岸本寛史（監訳）（2016）『ドクターズ・ストーリーズ──医学の知の物語的構造』　新曜社　pp. viii - ix）

＊5　Ghaemi, N.（2007）*The concept of psychiatry: A pluralistic approach to the mind and mental illness*. The Johns Hopkins University Press（村井俊哉（訳）（2009）『現代精神医学原論』　みすず書房　p.14）

＊6　このツイートの内容は匿名アカウントから発信されている。現在このツイートは削除されている。この引用についての文責は著者（斎藤）に属する。

＊7　アルバート・エリスは，第2世代の認知行動療法の1つである，論理・情動・行動療法（REBT）を提唱し，その根幹に，非合理的信念の考えを置いた。以下の文献等を参照のこと。
日本学生相談学会（編）（1989）『論理療法にまなぶ──アルバート・エリスとともに・非論理の思いこみに挑戦しよう』　川島書店

＊8　東畑開人（2017）『日本のありふれた心理療法──ローカルな日常臨床のための心理学と医療人類学』　誠信書房

＊9　河合隼雄（1992）『心理療法序説』　岩波書店

補論5

多元主義的総合実践としての「非個人的心理療法」

●はじめに

　本文で考察したように，臨床心理学的実践において教条主義的（1つの方法論・理論だけが正しいとして他の全ての立場を排除するような）態度は好ましくない。しかし，実践において複数の立場を認めるとしても，多数の方法や技法を無原則に個別事例に適用するような折衷主義は，多くの場合有効な実践にはならない。多元主義的な実践とは何かについて統一された見解があるわけではないが，ここでは，「複数の理論・方法論の存在を認めたうえで，個々の実践において，個別の状況，クライエントの意向，支援者の臨床能力等の，レベルの異なる複数の要素を総合する中から，ある程度の一貫性をもったプロセスを探求・創発していくような実践」と暫定的に定義したいと思う。

　上記の観点から，本邦において河合隼雄が提唱し実践したような方法論は，多元主義的な臨床心理学的実践の1つの例であると筆者は考える。

　筆者は，河合の方法を以下のように操作的に定義することを提案してきた。[*1]

【概念名】非個人的心理療法（Non-personal Psychotherapy）
【操作的定義】意識の表層にも深層にも同時にかかわり，外的現実のこまごまとしたことをすべて大切にしつつ，同時にそれら一切にあまり価値をおかないような，矛盾をかかえんこんだ態度によって行われる心理療法。
【実践の特徴（支援者の姿勢）】
　1）クライエントの主体性と自律性を尊重し，そこに表現される内容を共感しつつ受け止める。
　2）因果論的な病態理解を重視しない。
　3）支援者による患者・環境への操作を最小限にする。
　4）支援経過において生じてくる矛盾，二律背反を性急に解決した

111

り統合したりしようとせず，そのまま抱えて待つ**姿勢**を重視する。
5) イメージとその表現媒介（夢，描画，箱庭など）を重視する。
6) 物語を語ること，あるいは物語をして語らしめることを重視する。
7) 事象の非因果的連関（コンステレーション）を読み取ることを重視する。
8) 支援者の主観的体験をクライエントの体験と同様に重視し，支援の過程を相互変容の過程とみなす。

以下に，このような姿勢のもとに行われた，思春期心身症への臨床心理学的実践の一事例を提示する。

●事 例

D君は15歳の中学3年生。主訴は腹痛。家族は父（自営業），母（主婦），祖父，祖母，本人の5人家族である。幼小児期は特に問題なく過ごし，小中学校ではたびたび学級委員などを務め，運動部にも所属していた。中学2年の夏頃からしばしば腹痛を訴えるようになった。いくつかの医療機関にて投薬等を受けたが症状は改善せず，しだいに学校を休んだり早退したりするようになった。学校から養護学校併設（当時）の病院への入院を勧められたが，家族の希望で当科（消化器科／心療内科）を受信した。

初診時の上部消化管内視鏡検査にて，十二指腸に活動性の潰瘍を認め，身体的に器質的な病変を認めることがわかったが，臨床症状としては，過敏性腸症候群に合致すると思われる便通異常と腹痛をも認め，何よりも全く学校へ行けないことから，身体的な治療と並行して定期的に心理面接を行うことにした。

D君は，まじめそうなごく普通の中学生で，自分でもどうしてお腹が痛くなるのか，またどうして学校に行けないのかわからないという様子だった。初診以降，一日中続くひどい痛みは軽快したが，やはり痛みは持続していた。家では音楽を聴いたり，漫画を読んだり，ゲームなどをしている。勉強も少しはしている。家庭での問題や，学校生活に対する悩みの訴えはほとんど語らない。腹痛さえなくなれば問題はないといった感じであるが，学校へ行かなければならないという切迫した感じもない。身体症状以外の悩みが簡単には伝わってこないというのが，思春期心身症の1つの特徴である。筆者の経験からは，このようなケースでは，身体症状に関する訴えに延々とつきあう覚悟と忍耐強さが要求されると覚悟した。しかし，D君の場合，初回面接において，自発的に以下のような夢が報告された。

補論5　多元主義的総合実践としての「非個人的心理療法」

【夢1】暗い夜道を一人で走っている。後ろから何かが追いかけてくるが，前しか見えず，ひたすら走っている。恐怖感はない。

また，1週間後の第2回面接でも，以下のような夢が報告された。

【夢2】海の上をボートに乗って一人で漂流している。もうだめだと思った時に，ボートの後ろが何かにぶつかった。

　夢とは，多くの人が睡眠中に経験するできごととその記憶である。人が夢を見ている時，その人の脳は，覚醒中とは異なったパターンで活性化され，活動し，複雑なシナプスネットワークを通じて電気信号の処理を行っている。その個人が経験した睡眠中のできごとは，夢から覚めると大部分は忘却されるが，一部は想起することが可能であり，面接などの対話で話題として取り上げられ，それについて語り合うことが可能である。心理療法において，クライエントの経験が話題として取り上げられ，丁寧に聴き取られ，クライエントとセラピストの間で共有されることそれ自体が治療的な意味をもつと考えることは自然である。夢それ自体も豊かな情動を伴うクライエントの経験であり，夢を話題とした対話においては，多くの場合，生き生きとしたイメージが喚起され，物語的に語られ，解釈され，共有される。D君のように日常的な現実における情動体験を語ることが何らかの理由で難しいクライエントにとって，夢の経験について語り合うことは，豊かな情緒的交流の1つのチャンネルになる可能性がある。

　夢1のように，何者かに追いかけられる夢というのは，印象夢としては頻度の高いものである。深層心理学的な解釈を適用すれば，一般に追いかけてくるものは，夢見手の無意識であると推定される[*2]。D君の場合，夢の中で何者かに追いかけられているのに全く恐怖を感じていないのが特徴的である[*3]。

　夢2は筆者にとって，治療の見立てをするのに重要な印象を与える夢であった。D君は一人ぼっちでボートに乗り，海の上を漂流している。最初，周りは全て海で陸地は見えない。これは「自我意識水準の低下した一種の退行状況」で危機的状況であると思われるが，意識と無意識との重要な交流が起こりやすく，時にはそれが創造的な経験になることもあり得るとも考えられる。D君の場合，周りを全て海（無意識の最も典型的な象徴である）に取り囲まれ，もうだめだと観念したとたん，背後に衝撃があり，ボートは陸に漂着した。今まで果てしない大海原だと思っていたのに，周囲の水は枠と限界があるプールの水であった。深層心理学の観点から言うと，意識と無意識の交流過程が進行する途中では，かなり危険なことが起こってくる可能性がある。この過程を安全にかつ着実に進展させるために必要不可欠なことが，容器の確立，すなわちその中でか

113

なりの心理的エネルギーが荒れ狂っても破壊されることのない治療構造の確立である。この夢での変化は，初診および初回面接を通じて構築された治療構造が，これから進展する心理療法の容器として適切であることを示しているように筆者には思われた。

これらの夢の報告をきっかけに，筆者は身体診察や日常生活についての対話とともに，しばしばＤ君から夢を報告してもらうようになった。第6回の面接で，Ｄ君は以下のように語った。

> 最近腹の立つことが多い。ラジカセを風呂の中で聴こうとしたら，風呂が狭いのであちこちにぶつかり，イライラした。今月ＣＤを3枚買ったら，母に使いすぎだと言われて，小遣いを取り上げられた。中1の時大金をつぎ込んだ教材が，指導要綱の変更で役に立たなくなってしまった。自分は小学校の時はそうでもなかったが，6年くらいから友達の影響でだりんとした性格になってしまった。もともと「～すべきだ」「～であってはいけない」という考え方なので，いいかげんな他人には腹が立つ。

この回，はじめて自分の性格について洞察が語られたことが印象的であった。この自己洞察から，Ｄ君の性格はいわゆる完璧主義傾向が強く，黒白をはっきりつけなければ気がすまないタイプであることがわかる。

認知・行動主義的な心理療法の1つである論理療法の提唱者であるエリスによれば，[*4]「私はいついかなる場合でもこうでなければならない」「他人はいついかなる場合でもこうでなければならない」「世界はいついかなる場合でもこうでなければならない」といったタイプの信念を非論理的信念と呼び，これは認知プロセスにおいて不適切な気分（うつ，怒り，絶望など）を引き起こす。論理療法のゴールは，これらの非論理的信念を「～であることにこしたことはない」という論理的信念に書き換えることである。

また，深層心理学においても，フロイト派精神分析の考え方では，このような「過剰な完璧主義」は，「超自我」の力が強すぎて「イド」が抑圧されており，「自我」がそれをうまく調節できていない状況として説明されるだろう。しかし，深層心理学の中でも，ユング心理学は，同じ状況を違う言葉を用いて説明する。Ｄ君が自身を洞察している「絶対に～でなければならない」という態度は，「天なる父」からの元型的なメッセージであると考えることができる。あまりにも強い正義感をもつ人や，融通の利かない正論を[*5]振りかざす人は，日本の社会においては受け入れられず，常に「生きにくさ」を感じながら生きていくことになりやすい。Ｄ君が学校へ行くことが困難になった具体的な理由はわからないが，Ｄ君のもつ認知のパターンが何らかの形でそれに影響していることは

補論5　多元主義的総合実践としての「非個人的心理療法」

十分に予測できる。

　認知・行動主義や精神分析ではこのような完璧主義を幼少児期に学習された傾向と考え，自我を強化する，あるいは認知を変容させることによって解決しうると考える。また，別の立場の治療者は，この問題を個人と環境の交流の問題として捉えるかもしれない。またさらに別の立場の治療者は，これを異文化間の衝突として理解するだろう。筆者は臨床心理学的実践において，同じ現象に対して複数の理論的説明が共存しうるという多元主義的理解が重要であると考える。河合の非個人的心理療法はユング心理学の理論に依拠しているが，そこでは，こころそのものに元型の極端な働きを補償する一種の自己治癒的傾向があると考える。元型的傾向は自我の力を越えるものであるから，その変容のためには，元型イメージに忠実に従いつつ，こころの全体性の中に自発的に生じてくる自己治療的傾向に期待するという戦略をとることになる。多元主義的な考え方からは，これらの理論的立場のうちどれかを排除する必要はないと考えるが，個別のクライエントと個別の状況に応じて，方法論レベルの選択は必要であると考えることになる。

　上記のようなことを勘案した上で，筆者は，D君への支援にユング心理学の理論／方法論を採用することを選択し，本人と相談しつつ，箱庭療法[*6]と自律訓練法[*7]とを併用することにした。

　第8回目の面接時に，初めての箱庭が制作された（写真1）。

　箱庭の中央，後ろ側に一段と高い正方形のステージがある。ステージの背景には，中央に大きな広葉樹，両脇に針葉樹の3本の樹木が並んでいる。ステージの正面手前に指揮者がおり，楽団は向かって左に2人，右に3人，中央に小さな楽員を置く。ステージの左右には，奥に対称に針葉樹が置かれ，ステージの周囲にはバランスよく観客が配

写真1　第1回箱庭作品「音楽会」

115

置されている。ステージの右手には，こびとやピエロが，これも小さな円を描くように並んでいる。その奥には，茶色と白の犬が2匹いる。右側の手前に切り株が1つ置かれている。左端手前の隅にごく小さな水があり，魚が置かれ，2人の男が釣りをしている。

　この箱庭は，一見してバランスが良く，見ているものに安心感を与える。背景の，3本の樹木は，対立する一対から第三の新しいものが生じる超越機能を象徴するかのように感じられる。正方形のステージの上には，一番手前に指揮者，左2人（シンバルと管楽器）と右2人（弦楽器2人と打楽器1人）の楽団員をつなぐように，指揮者のちょうど反対側に非常に小さな楽団員の人形が置かれ，全体には円形に配列されている。周囲の樹木や観客のバランスも良い。右手，手前の切り株のみが全体の中で調和していない。もしかするとD君の課題が ここに現れているのかもしれない。全体として，予後の良さを感じさせる作品である。

　第9回の面接時に以下の箱庭（写真2）が置かれた。

　この箱庭には本人の解説がある。教会の前に人々が集まっていると，そこへ飛行機が墜落して，棚を倒し，樹を倒し，人を1人ひき殺して，ようやく停止する。人々はみんなびっくりして見ている。箱庭の配置では今回は箱が縦に使われており，奥の中央に前回も使われた大きな落葉樹が両側に小さな樹を従えて立てられている。奥の両側には左に4本，右に6本の大小の針葉樹が立てられている。中央の大きな樹の手前に教会が置かれ，その左に家が一軒置かれている。教会の前には20人ほどの人が集まっている。手前に柵があり，箱庭を手前と奥に分けている。飛行機が手前左から落下し，棚を

写真2　第2回箱庭作品「飛行機の墜落」

倒して教会の右手に突っ込んでいる。飛行機が通った溝の中に人が倒れており，D君の説明によれば，この人は"泥棒"であるという。人々はその周りを円形に取り囲んでいる。柵の手前には左手に自動車，右手にはなぜか大きな亀が1匹置かれている。

ここでは"墜落"のテーマがはっきり表現されている。この落下によって，一見安定した構造を形づくっていた樹や人の配置は破壊されている。特に箱庭の世界を2分していた，あるいは教会で象徴される聖なる世界を守っていたと思われる柵が破られているのが印象的である。この墜落によって1人の人物が死んでいるのだが，この人物は泥棒だとされている。ここで，物語を連想するならば，空中高く舞い上がる飛行機（精神）が高みから落下することにより，地上の均衡が一時的に破壊される。その際に泥棒（トリックスター）が犠牲に捧げられる。全体の構成は高いものと低いものがつながり，以前の調和が破壊され，犠牲が捧げられることによって，そこから新しい何かが新生してくるという物語が進行していることが想像される。

同じ頃，自立訓練法施行中に，以下のような2つの自発的イメージが報告された。

【イメージ1】
ぼくはこんにゃく。暗い冷蔵庫の中にいる。冷蔵庫が開けられて外に出され，まな板の上で切られ，ねじられ，煮しめの出し汁につかり，口の中に入って食べられる。

【イメージ2】
ぼくは生クリーム。ソフトクリームの機械に入っている。穴を通ってコーンの上にねじられて乗り，子どもの手に渡る。頭をぺろりと食べられ，地面に落とされる。水道で洗われ流される。配管の中を通り，下水，川，海へと流されていく。

これらは，深いリラックス状態において報告された自発イメージであるということから，箱庭や夢と同じレベルの源泉から意識中に侵入してきたイメージであると思われる。D君は，自分自身の身体をこんにゃくやソフトクリームという不定形物質としてイメージしている。最初冷蔵庫の中で凍らされ，保存されていたD君は，冷凍状態から解放され，切られ，ねじられ，出し汁につけられて煮られ，変容を受ける。最後には，口の中に飲み込まれて食べられてしまう。第二のイメージでは，食べられた後，身体の中に入らず，水の流れに乗って，最終的には海にまで流されていく。海は，全てを溶かし込むと同時に，全てを育み，全てを生み出す根源的な無意識の最も適切な象徴である。これらのイメージはD君自身の心身イメージの変容と再生の過程を暗示するものである

写真3 第11回箱庭作品「仙人と魔女の戦い」

ように筆者には感じられた。

　現実生活では，身体症状はさほど強くないが，特に代わり映えのしない状態が続いていた。時々学校の先生と個人的に連絡を取ったりしていたが，登校には至らなかった。19回目の面接において「仙人と魔女の戦い」と題された箱庭（箱庭としては11個目）が置かれた（写真3）。

　この箱庭では右手の縁の上に仙人と思われる男の老人が置かれ，それとちょうど向かい合った左側の枠の上には魔女と思われる老女と，赤い縁取りの白いスカートを履いた若い女性の人形が置かれている。大勢の人や建物が箱庭いっぱいに置かれ，それらはほとんどが倒れて半ば砂に埋もれている。D君の説明によれば，これは仙人と魔女の戦いであり，この戦いの影響によって町中が被害を受け，家は壊れ，人はみな死んでしまったという光景である。仙人と魔女の戦い，これはユング心理学の理論に従えば元型的な男性性と女性性の戦いである。この箱庭において表現されている，男性的および女性的な元型的エネルギーの対立によってもたらされた破壊と死は，ハルマゲドン（最終戦争）を連想させる。

　この箱庭が置かれてから約3か月後の24回目の面接において「キリストにすがる動物たち」と題された極めて印象的な箱庭（箱庭としては14個目）が置かれた（写真4）。

　この箱庭は縦に使われている。奥の中央に十字架に架けられたキリストの像が置かれ，その両脇に，左に大きなフグ，右には背の高い柱時計が置かれている。キリストの像に向かって左には5人の楽団員が斜めに一列に並んで，音楽を演奏している。キリストの像の正面から右手にかけて，5匹の動物（クモ，カブトムシ，カタツムリ，トカゲ，バッ

補論 5　多元主義的総合実践としての「非個人的心理療法」

写真 4　第 14 回箱庭作品「キリストにすがる動物たち」

タ）がキリストの像に祈りを捧げるかのように配置されている。

　十字架に架けられたキリストの像は，自己犠牲による世界の救済の象徴である。それは，人間の魂における，精神と肉体の分裂を癒し，死と再生の過程を経て肉体を精神の中に再統合する。十字架の背後に，両脇に並ぶのは，フグと時計である。フグは水の中に住むもの，巨大な腹部をもつ球形の魚，魚を飲み込む性質などから，無意識の太母[*8]的な性質を表すように思われる。大きな古時計は，時を刻む者としてのクロノス（ゼウスの父であり，ゼウスによって殺される巨人）を連想させる。それは父の父であり，元型的な父性を表現するのに適切である。キリストが十字架上で処刑された時に，その両脇で 2 人の罪人が同時に処刑されている。キリストを中心とした三つ組みは，中央のキリストの象徴によって，両脇の二項対立が統合され，救済された姿のイメージとして理解しうる。

　このキリストの像を中心として，前方に展開するのは，5 人の楽団員と 5 匹の動物である。これらの 5 匹の動物はいずれも下等な生物であり，人間にとって根源的な本能的側面を表しているように思われる。またこれらの動物の配置から見ると，カブトムシ，カタツムリ，トカゲ，バッタの 4 匹は，キリストの像の近くに置かれ，クモは少し離れて背後からそれら全体を見守っているようにも見える。クモは運命の糸を吐き出し織り上げて，曼荼羅的な巣を構成する，太母の象徴である。太母から意識が分離し，自律的な成長を開始する時，そこにいろいろな神話的物語が生成する。その中で特に重要なものは，天地創造神話と，英雄の神話である[*9]。この両者は，特にキリスト教文化圏における自我意識の発達の元型的基盤として重要な役割を果たす。しかし，この箱庭に示さ

119

れるイメージは，欧米，日本の文化的差異を超えるものではないだろうか。一なる太母から根元的な四者性が生じる。これは例えば中国神話において，世界を守護する4匹の神話的な動物（亀，鳥，龍，虎），あるいは仏教的世界観では，仏の住む王城の四方を守護する四天王などによって表現される。また，キリスト教の伝統では，エデンの園から流れ出る4つの川によって表現される。この箱庭では，カブトムシ，カタツムリ，トカゲ，バッタによって表現されている。しかし，無意識から意識が分離する時，天と地の乖離が生じ，これによって世界の全てが陰と陽の二項対立によって引き裂かれる。二項対立は次々に分裂を生み出し，その乖離が頂点に達した時，世界には再び対極に戻るための統合のエネルギーが出現する。その分裂の統合，世界の救済の物語には種々の形がありうる。神の子キリストの死と再生の物語はその1つのバリエーションである。この箱庭では，日本の無宗教的背景で育った1人の中学生の内界において，キリストの救済の物語が選択されている。

　この箱庭の中で，D君の自我はどこにいるのだろうか？　D君自身の説明によれば，彼は5人の楽団員の中心にいるラッパを吹いているピエロであるという。D君は，箱庭のシリーズにおいて，一貫して自我の象徴としてピエロを用いてきた。5匹の動物と5人の楽団員の対比は，本能的なエネルギーの人間的な昇華を思わせる。それら全ての要素を統合する中心は，ここでは生命樹の象徴でもある十字架に架けられたキリストであった。

　この後の面接では，異界への旅とそこからの帰還を表すと思われる夢のシリーズがいくつか報告された。箱庭では，無意識からのエネルギーの噴出を思わせる「熱帯雨林」と題される作品などが置かれた後，穏やかな作品群に変わった。

　身体症状はほとんど訴えられなくなり，十二指腸潰瘍の完全な治癒が内視鏡により確認された。中学校へは結局卒業式にのみ出席しただけであったが，うれしそうに卒業証書をもらってきた。その後高校へ進学してからは，全く学校を休むこともなく，1年半（40回）の面接の後，治療を終結した。制作された箱庭は18個。報告された夢は26篇であった。

● 考　察

　D君の医学的診断は，全体を振り返ってみると，十二指腸潰瘍および過敏性腸症候群を伴った不登校とするのが最も妥当であろう。D君への治療的アプローチとしては，身体症状や日常のできごとについての傾聴を主体とした面接を基本として，経過途中からは，夢の聴取，箱庭の制作，自律訓練法を併用した自発的なイメージの聴取など，ユング心理学の理論と方法論に基づく技法が選択された。その経過は本人にとっても，支援

補論5　多元主義的総合実践としての「非個人的心理療法」

者にとっても十分に満足できる有効かつ意味深いものであった。

　今回の事例報告を，単にユング心理学を1人のクライエントに当てはめた治療の一成功事例であると主張するならば，それは，あくまでも深層心理学の1つの学派の立場を主張する教条主義的な姿勢と見なされることになるだろう。しかし，本事例の経過において刻々と行われた評価と方針の選択は，決して他の複数の理論による病態理解を排除していたのではなく，D君の認知的傾向，現実の環境，推定される発達課題などを十分に考慮した上で，本人の意向を尊重しつつ最も適切と思われるアプローチを逐次選択していった結果であると言える。もちろんそこにおいて，他の学派においてはほとんど用いられないような，ユング心理学に特有の意味解釈や拡充法*10が，ふんだんに用いられていることは事実である。しかし重要なことは，常に複数の病態理解の可能性を許容しつつ，目の前の事例，個別の状況において最も適切な方法論を選択していくという姿勢にある。その意味で，本事例の経過は，河合の提唱した非個人的心理療法の原則に沿った実践の一例であると同時に，教条主義的でも折衷主義的でもない，多元主義に基づいた総合的実践の一例であったと言うことができるだろう。

註 ●●●●●

*1　初出は，以下。
　　斎藤清二（1998）心身症の深層心理学的理解　山中康裕・馬場禮子（編）『病院の心理臨床』　金子書房　pp.91-104.
　　河合は自身の実践を公式には「心理療法」としか呼称していない。しかし，米国における河合のレクチャーの記録集から編まれた『ユング心理学と仏教』（河合，1995）の序文において，David Rosen は以下のように書いている。
　　　　河合に，今回のフェイ・レクチャーの題目について，本になるときの標題ともども尋ねると，「非個人的心理療法（Nonpersonal Psychotherapy）」という答えが返ってきた。それはどういうものかと，わたしは説明を求めた。するとつぎのような説明がなされた。「あなたがた西欧の人たちは個人的心理療法とか，人間関係的心理療法とか，超個人的心理療法について論議している——私が話そうとしているのは，非個人的心理療法です」。同書の中で河合は自身の心理療法的態度を「意識の表層にも深層にも同時にかかわり，外的現実のこまごまとしたことを全て大切にしつつ，同時にそれら一切にあまり価値をおかないような，矛盾をかかえんこんだ態度」と描写している。 (p.188)

*2　「追いかけられる夢」の体験において，追いかけてくるものは，夢見手の「無意識」であるとするような解釈は，深層心理学的な夢解釈においては一般的なものであるが，もちろんこれが真実であるという保証はない。このような解釈はあくまでも物語的意味生成としての仮説であり，そのような解釈が対話の中で利用されることで

何らかの良い影響を期待することはできても，それが事実であるという根拠はないことを前提として認めることは重要である。

*3　自身の感情や情動を体験することやそれを言語表現することが困難であるという傾向は「失感情症（alexithymia）」と呼ばれ，心身症患者の心理的特徴であると信じられてきた。しかし，この概念については近年さまざまな批判がある。

*4　アルバート・エリスは晩年，自身の心理療法を「論理情動行動療法（Rational Emotive Behavioral Therapy: REBT）」と呼ぶようになり，さらに多元主義的／総合主義的な色合いを強めた。筆者はエリス自身のワークショップで，そのセラピーを体験したことがある。以下を参照のこと。
　　斎藤清二（1989）自信のない場合──憂鬱な外来日　日本学生相談学会（編）『論理療法にまなぶ──アルバート・エリスとともに・非論理の思いこみに挑戦しよう』川島書店　pp.119-127.

*5　元型（archetype）は，ユング心理学独特の概念。人間のこころの深層に存在する生得的で普遍的な基本的構造と定義される。イメージ喚起性，物語生成性，情動喚起性などの特徴をもち，多くの場合人格化されたイメージとして体験される。

*6　ドラ・カルフ（Kalff, D. M.）によって創案された，砂の入った木箱とミニチュア玩具を用いる一種の遊戯療法。河合隼雄らによって日本に導入され，理論基盤としてユング心理学と深い関連をもつ。

*7　ドイツの精神科医シュルツ（Schultz, J. H.）によって開発された，自己訓練的リラクセーション法。いくつかの技法から構成され，イメージ療法的な技法と組み合わせて用いることもできる。

*8　ユング心理学における最も重要な元型の1つ。グレート・マザーとも呼ばれる。

*9　エーリッヒ・ノイマン（Neumann, E.）（著）林　道義（訳）（1984）『意識の起源史』紀伊國屋書店

*10　ユング派の心理療法では，意味解釈の手法としてフロイト派が好む自由連想法を用いず，拡充法と呼ばれる，1つのテーマについて，多層的な資源（個人的な経験，文化的な表象，集合的な象徴など）との関連を検討する連想法が用いられる。

第6章

診断・見立て・アセスメント

　臨床心理学的実践において,「診断」という概念ほど両価的感情を刺激するものはないのではないだろうか。1つには,「診断」という行為が医師の独占業務であって,臨床心理学の専門家といえども,ある患者(時には社会的に注目されるある特定の人)に対して,「診断を下す」という行為は許されないとされているからである。しかし,非公式には「診断」という行為は巷に満ちあふれており,時にはそれが人権侵害やスティグマに繋がったりする負の側面も無視できない。逆に「本来の診断」が見過ごされたり,誤った診断がなされたりする「誤診」に対しての社会における関心は非常に高い。さらに言うと,どのような診断であっても,「全く診断がわからない」よりはまし,ということも確かにあり,とても適切な診断とは思えないような説明を納得することによって,事態が改善するというようなことも稀ではない。

　本章では,臨床心理学を学ぶ学生や臨床心理学の初学者にとって,「診断」という現象をどのように理解することが最も妥当であるのかを問い,さまざまな観点から論じる。次いで,診断と類似するがそれとは異なるとされる臨床心理学的概念である,「見立て」と「アセスメント」について検討する。

1. そもそも診断とは何か

　通常,診断とは医学的概念であって,「特定の疾患カテゴリーの中に特定の

個人を位置づける行為」であると考えられる。

　医学に限定されない「臨床実践」においては，実践とは「苦しむ人への援助」であると定義でき，その目的は広い意味での「苦しみの緩和」である。この目標を達成するための方法は，非常にたくさんあるが，伝統的な医学は，「疾病（疾患）の診断と治療」に焦点を合わせる。ここで重要なことは，「苦しむ人のもつ疾患を同定し，それがあるカテゴリーに合致するかどうかを判断する」ということが診断であるとすれば，それは「疾患」の存在を前提としているということである[*1]。さらにこの論理は，苦しみの最大の原因は「疾患」であるということを自動的にその前提としている。

1 ── 疾患，線形因果論，還元主義

　診断は，ある特定の人がもつ疾患を治療により取り除くための前提であるが，言い換えれば，診断が確定するということは，疾患の原因同定を強く期待されるということでもある。もちろん，ある疾患カテゴリーの定義は確立していなければならず，それはその疾患に与えられた診断病名が社会的に合意されていることを意味する。しかしそうであっても，その疾患の原因は不明ということはあり，診断が必ず疾患の原因の同定を保証するわけではない。しかし，診断が確立するということは，少なくとも治療に結びつく可能性が担保されるということである。つまり「疾患の診断／治療」というモデルは，特定の疾患には原因があり，特定の原因を同定して取り除くことにより疾患を治癒せしめ，その結果疾患をもつ人（苦しんでいる人＝患者）の苦痛が緩和されるという線形因果モデルを前提としているということである。

　しかし，ここにあるのは単純な因果関係ではない。苦しみの原因は疾患であるから，苦しみは疾患に還元される。疾患にはさらに疾患の原因（多くの場合，生物学的な何か）があると考えられるので，その生物学的な原因（例えば，細菌や遺伝子）を消滅させれば，疾患は治癒するという，二重の還元主義がそこに存在している。このような「線形因果論＋還元主義」のモデルが最もよく当てはまり，しかもその劇的な効果が実証されてきたのは，細菌やウィルスによる感染症と有毒物質による中毒性の疾患である。原因が同定できない状況にお

ける悲惨な結果と比較すれば，原因が同定され，それが除去された場合の改善はまさに劇的なコントラストを呈する。

　もちろん丁寧に見ていくと，これらの劇的な（奇跡的といってもよいほどの）効果は常に得られるわけではない。その1つの例は，慢性疾患である。感染症にしても中毒性の疾患にしても，急性と慢性の2つの病態があり，前者の経過は一定の期間を経て完全に治るか，死ぬかのどちらかである。後者の経過は，漸進的な病状の悪化であり，最終的には死に至り，治癒することはない。なぜ同じ病原体や物質によって，急性の病態と慢性の病態という全く異なる経過を生じうるのかという疑問は，医学においては重要なテーマであり続けている。原因（病原体や有毒物質）側の問題（持続的な暴露を止めることができない）と，宿主（免疫機能など）側の問題があり，この両者，あるいはさらに多くの要因が絡み合って慢性の病態を形成していることはほぼ確実である。

　たとえ劇的な効果を挙げている例においても，実は原因の除去だけではなく他の重要なメカニズムとの協働がなければ，劇的な効果は得られない。しかし，多くの場合，その重要なメカニズムのほうは隠されている。典型的な例は，白血病や免疫不全状態における感染症の治療である。抗生物質によって病原体を除去しても，治療を止めると減少した病原体がまた復活してきてしまう。あるいは1つの病原体を除去できても，すぐにそれに代わる新たな病原体により感染が繰り返される。つまり，原因の除去が奏功するのは，正常の免疫機能（自己回復機能と呼んでもよい）が保たれていることが前提条件なのである。

　老化というもっとありふれた状態も最終的には同じ結末をもたらす。肺炎を繰り返す老人に，抗生物質による治療を行っても，肺炎は一時的に改善しても全身状態は進行性に悪化する。結局最後は肺炎の治療が意味をなさなくなってしまう。このようなフレイル[*2]と呼ばれる状況における原因除去の治療戦略は，長期的に見れば負け戦以外の何ものでもない。

　ここまで，主として身体疾患を例として，医学的診断が，疾患の実在を前提とした，線形因果論に基づく「診断－治療モデル」の一部であることと，その問題点を指摘した。精神医学領域において「診断」について論じる場合も，このようなモデルが前提になっていることは変わらない。つまり，精神医学は，「精神疾患」が実在することを前提にしており，精神疾患の診断と治療について論

ずるのである。しかし、精神疾患には、他の身体的な疾患とは次元の違う大きな議論が存在する。つまり、そもそも精神疾患の本性をめぐっての激しい科学的、あるいは哲学的な議論が存在している。臨床心理学の領域において、「診断」について論じる場合、精神医学領域における「診断」の動向をまず理解しておく必要がある。次項では、近年精神医学を席巻している操作的診断の概要とその問題点についてまとめておきたい。

2──操作的診断基準とその問題点

　ここまで述べてきたように、診断が行われるためには、疾患の分類とその定義の体系が確立している必要がある。医師が行う（そしてそれ以外の者には禁止されている）診断のためには、その時点において一般に共有されている（十分に権威化されている）疾患カテゴリーの体系の存在が必要である。ここでは疾患の定義・分類とその診断を行うための基準と手順についての体系的なリストが必要とされる。現代の医学の努力のかなり大きな部分は、この診断体系の確立に向けられてきた。この努力は身体医学において先行したが、精神医学の分野においてもこの後を追うように、この50年間急速に整備されてきている。

　身体・精神を含むこの疾患分類システムとしては国際疾病分類（ICD）と呼ばれているものが最も権威がある。精神疾患に関しては、米国精神医学会による『精神疾患の分類と診断の手引（DSM: Diagnostic and Statistical Manual of Mental Disorders）』が、世界的に用いられるようになった。DSMの第3版以降、診断のためのマニュアルは一般に操作的診断という手法がとられている。これは、疾患の定義を操作的手順によって（約束事として）決定するということである。その目的は、疾患分類と診断基準についての信頼性を高めるということである。ここでいう信頼性とは、複数の専門家によって用いられる診断名とその診断基準に、評価者間で再現性があるということである。これまでの診断名が、専門家や学派によってまちまちである上に、同じ患者が、診断する人によって異なる診断名になってしまうという深刻な問題があった。しかし、操作的診断基準を定めることによって、評価者間の一致率は改善される。例えば、主症状がいくつあって、副症状がいくつあれば、特定の疾患の診断名が与えられる

というような方法である。

しかし、これによって信頼性は確かに向上するが、妥当性は必ずしも保証されないという問題がある。ここでいう妥当性とは、採用された特定の疾患概念とその診断基準が本当に臨床における実態を反映しているかということである。さらに、純粋に学術的な検討だけによって診断名が採用されているとは言えず、政治的な意図（学派間における勢力バランスの問題や、保険制度における関係者同士の思惑など）によって、特定の診断概念が採用されたり、リストから外されたりする。この問題は、DSMが改版されるたびに問題となっており、現在使用されている第5版（DSM-5）においても決着をみていない。[*5]

DSM-5では精神疾患を22のカテゴリーに分類している（表6-1）が、この分類の数は妥当なのか、多すぎるのか少なすぎるのかについては、さまざまな

表6-1 DSM-5（精神疾患の分類と診断の手引）における診断分類のリスト

1. 神経発達症群／神経発達障害群
2. 統合失調症スペクトラム障害および他の精神病性障害群
3. 双極性障害および関連障害群
4. 抑うつ障害群
5. 不安症群／不安障害群
6. 強迫症および関連症群／強迫性障害および関連障害群
7. 心的外傷およびストレス因関連障害群
8. 解離症群／解離性障害群
9. 身体症状症および関連症群
10. 食行動障害および摂食障害群
11. 排泄症群
12. 睡眠－覚醒障害群
13. 性機能不全群
14. 性別違和
15. 秩序破壊的・衝動制御・素行症群
16. 物質関連障害および嗜癖性障害群
17. 神経認知障害群
18. パーソナリティ障害群
19. パラフィリア障害群
20. 他の精神疾患群
21. 医薬品誘発性運動症群および他の医薬品有害作用
22. 臨床的関与の対象となることのある他の状態

意見がある。またDSMにおける疾患カテゴリーは，本来はその病態や病因と対応する分類を目指すものではあるが，現時点では原因については言及できる段階になく，あくまでも診断を行い，それを統計学的に検討するための分類である。しかし，このことは必ずしも操作的診断基準の価値を引き下げるものではなく，このような限界を十分に認識しておくことのほうが実際には重要である。

　DSMの1つの特徴は，多軸評定という考え方を取り入れてきたということである。この考え方は，精神的な疾患は，生物学的な要因からだけで定義できるものではなく，生物－心理－社会的な多層的な次元をもっているというBPSモデルとの共通の見解が下敷きになっている。DSM-3からDSM-4まで，以下のような5つの軸にそって診断することが推奨されてきた。

　　　Ⅰ軸：臨床症候群
　　　Ⅱ軸：人格障害と知的障害
　　　Ⅲ軸：身体疾患
　　　Ⅳ軸：心理社会的問題とストレス
　　　Ⅴ軸：生活適応度

　しかし，残念なことにDSM-5では，この考え方は後退している。

3——診断という行為がもたらす心理・社会的インパクト

　ここまで，診断という行為の前提として，「疾患」という概念が必要であること，「疾患」は主として生物学的な観点からのみ理解されていること，精神科領域においてもそれは例外ではないことを示してきた。ただし，医学一般とは異なり，精神科における疾患分類に必要とされる観点は，生物学的な側面だけではないことは，DSMが多軸診断を採用してきたことからもわかる。

　ここでは，診断という行為がもたらす社会的側面についてまとめておく。単純化して言うと，診断という行為は，社会における「健常者」と「病者あるいは障害者」の間を明確に区分するという極めて強力な機能をもつ。ソンタグ

(Sontag, S.)がみじくも言ったように,社会的存在としての個人が「健常者」の世界に属するか,「病者・障害者」の世界に属するかによって,その人と社会との関係は180度変わるのである。

　この関係は複雑ではあるが,個々に起こることは多くの場合容赦のないものであって,ひとことで言えば,「病者」と認定されることによって,その個人は,一定の権利を失うが,逆に一定の責任を解除されるのである。このことは多くの場合,強い両価的な感情を引き起こす。社会における「健康」と「病気・障害」との線引きをめぐる判断や交渉や調整は,強い情動負荷を伴うことがほとんどであり,それゆえに冷静に議論し,最善の道を探ることを困難にしている。医師が診断についての「独占的な特権」をもっていることの功罪も,心理・社会的な観点から冷静に吟味されなければならない。

　次に,診断という行為がもたらす,心理学的な意味について簡単に触れる。個人がどのように自分自身と自分の置かれている状況を定義するかという問題は,自己感の問題であり,これはその人の心理状態（あるいは心理的な健康観）に大きく影響する。例えばアントノフスキー（Antonovsky, A.）の健康生成論[*7]を援用すれば,個人が健康感を生成できるのは,自分自身と状況についての一貫性の感覚（Sense of Coherence: SOC）が得られている時であり,SOCの下位概念として説明可能感,対処可能感,有意味感がある。

　診断とは,個人の置かれている状況（ほとんどの場合苦境）を明確に定義するという機能をもっている。さらにこの定義は,多くの場合「疾患」という「個人とは分離できるもの」に「苦境の原因」を帰属させるので,その個人に対して「問題の外在化」の効果をもたらす。例えば,定義することの困難な心身の苦しさを自覚する時,その「苦しさ」が説明不能であり,対処不能であり,意味不明であるという状況は,「苦しさ」を増強させる。そのような「混沌＝物語不在」の状況に,何らかの説明がもたらされる時,そこにアントノフスキーの言うところの「健康生成」が生じると考えられる。このようなことが起こるためには,診断という行為が「状況が定義されること」「原因－結果という因果論的説明が可能になること」「近未来を予想することが可能になり,何らかの対処が選択できること」「意味の不在＝混沌から開放されること」といった機能を内包していることが必要である。このような機能は,「物語の生成」によっ

て包括的に説明することが可能である。しかし，その場合，診断という行為は単なる疾患カテゴリーへの当てはめを遙かに超える，広範な機能を発揮しているということへの着目が必要である。つまり，診断とは単なる治療の前段階ではなく，実は診断という行為自体が既に1つの治療的行為なのである。

2．「疾患－診断－治療モデル」を超える

1――臨床人類学の視点

　医学においてさえも，「診断－治療」が唯一のモデルではないことが，近年急速に主張されるようになってきた。感染症を中心とする急性疾患や外傷などの，生物学的な診断－治療モデルが威力を発揮する問題が概ね解決されるようになると，皮肉なことに，医師や医療者が対応しなければならない問題は，通常の意味では治癒することのない慢性疾患や障害，老化に伴う問題，心理社会的な要因が大きく影響する心身症的な苦しみ，広義のメンタルヘルスケアなどが中心となってきた。このような患者やクライエントに必要とされるのは，疾病の診断よりは，むしろケアの実践とその方法である。

　その1つの突破口になるのは，アーサー・クラインマン（Kleinman, A.）によって提唱された，臨床人類学的なアプローチである。クラインマンは，多様な文化において多彩な苦しみを抱える患者についての綿密な質的調査を行い，西洋における近代医学も多数ある1つの医療文化に過ぎないことを指摘し，一般に病気として理解されている患者の経験をめぐって，病い（illness）と疾患（disease）の2つの用語を明確に区別した。[*8]

　　…病いという用語は疾患という用語とは根本的に異なったものを意味している。病いという用語を使用することで，私は，人間に本質的な経験である症状や患うこと（suffering）の経験を思いうかべてほしいと考えている。病いという言葉は，病者やその家族メンバーや，あるい

はより広い社会的ネットワークの人びとが，どのように症状や能力低下（disability）を認識し，それとともに生活し，それらに反応するのかということを示すものである。…一方，疾患というものは，治療者が病いを障害の理論に特有の表現で作り直す際に生み出されるものである。治療者は，疾患というものを各々の治療行為に特有の理論的レンズを通して認識するようにトレーニングされている。すなわち，治療者は，患者や家族の病いの問題を，狭い専門的な問題として，つまり疾患の問題として構成しなおすことになる。　　　　　（クラインマン／訳書 p.6）

　クラインマンによれば，病気や苦しみには大きく2つの側面があり，その1つは個人の経験である「病い」であり，もう1つは当事者の語りを専門家のもつ理論的レンズを通して解釈された「疾患」である。この両者ともが，一種の「解釈の産物」，別の言葉を使えば「物語」であるということが重要である。ここで，疾患を実体と見なすか，それとも「構成されたもの（construct）」と見なすかという，二種類の考え方があり得るということになり，前節で詳述してきた「医学における診断体系」が，前者の考え方を前提としていることに注意が必要である。

　それでは臨床心理学的実践において「診断」の問題を，クライエントのために最も役立つように考えていくとすれば，どのように考えるのがよいのだろうか。「疾患」をターゲットにせず，当事者の「病いの経験＝あるいは語り」に焦点を当てることは，臨床心理学実践には相性がよい。その理由はいくつかある。第一に，こころの問題の多くは主観的な経験に伴う問題であり，多くの場合，「当人の苦しさ」に第一に焦点を当てることは正当であるばかりではなく，ケアの方針を決めたり，治療法を選択するために最も有効である。本人の苦しみの経験を聴き取ることは，臨床心理学的実践の基本的なプロセスであり，これを可能にする汎用スキルである「機能的対話」は，臨床心理学を実践するものにとっての基本技術である。第二に，臨床心理学で扱う問題の多くは，単一の客観的テストによって診断できるようなものではない。身体医学においても，検査を組み合わせて確定診断に至るまでには複雑で精密なプロセスが必要であるが，それでも身体医学の場合は，癌の診断における病理組織学的検査のよう

な，ゴールドスタンダードと見なしうる検査が存在する。しかし，幸か不幸か，臨床心理学の領域においては，単一でゴールドスタンダードと見なされるような検査は存在せず，おそらく将来もごく一部の例外的な状態（外傷や脳血管障害などによる高次脳機能障害など）を除けば，そういった検査が出現する可能性は低い。したがって，クライエントの語りに丁寧に耳を傾けることから「診断」に近づいていくことには正当な論拠がある。

2 ── 「エビデンスに基づく診断」の限界

標準化された診断マニュアル（例えば，DSM-5）の手順に従って診断することが「エビデンスに基づく診断」であると考えている人は多いと思うが，これは誤解である。操作的診断基準のチェックリストによる診断は，科学的根拠に基づく医療（EBM）の観点から言うと確定診断とは見なされない。[*9]

EBMにおける診断のエビデンスとは，ゴールドスタンダードと呼ばれるその時点で最も信頼できる診断基準との比較による，感度，特異度，尤度比等の指標で示されるその診断ツールのもつ診断能力についての情報を意味する。悪性腫瘍などの身体疾患の場合は，通常病理組織学的な診断結果がゴールドスタンダードと見なされる。病理組織診断は，多くの場合，その患者の診断過程の最終段階でようやく手に入る情報である。

精神疾患の場合，専門家による経過観察によって得られた最終判断としての診断がゴールドスタンダードとなる。つまり，最も信頼される診断は，「診療」という時間経過をもったプロセスのほぼ最後になってようやく姿を現すものである。世界的に流布している診断マニュアルといえども，それはあくまでもゴールドスタンダードの代理として用いられるスクリーニングテストに過ぎない。

上記のように，「診断」そのものを客体化し，物象化して扱うことや，「診断するという行為」を時間経過とは切り離して理解することは，現場での実践との間に甚だしい乖離をもたらす。このような問題の具体例として，近年社会問題にまでなった「新型うつ病」が挙げられる。厚生労働省による精神疾患の患者調査によれば，本邦の気分障害患者数（うつ病・躁うつ病を含む）は1996年には43.3万人，1999年には44.1万人とほぼ横ばいであったが，2002年に

は71.1万人，2005年には92.4万人，2008年には104.1万人と，著しく増加し，その後増加傾向は軽減したものの，100万人前後を推移している。さらに，増加したうつ病患者の中には，それまでの古典的なうつ病への治療（休息＋薬物療法）に反応しない者が多数含まれていること，また，それまでうつ病患者に特徴的と言われてきたメランコリー型性格傾向とは異なる人たちが，若年者を中心に多数見られることなどが問題になり，一般メディアなどでも「新型うつ病の増加」として報道され，一種の社会現象の様相を呈した。

これに対して，日本うつ病学会は，速やかに，①「うつ病」の定義は一義的に決められていない，②ガイドラインでは，厳密な臨床研究の対象とされることの多い大うつ病（DSM-4）を「うつ病」と位置づけている（当時），③専門家の間では，若年性の軽症抑うつ状態の研究が盛んに行われているが，この一側面を切り取った「現代型（新型）うつ」はマスコミ用語であり，精神医学的に深く考察されたものではなく治療のエビデンスもない，といったコメントを公開し対応を図った。[10]

この現象について結論が出たわけではないが，社会構成主義的な観点からは，[11]おおむね下記のようなストーリーが考えられる。操作的診断基準の導入により，「うつ病」の診断が容易になされるようになった。操作的診断基準の中核となっている「気分の落ち込み」と「無気力」は，元来，多様な状況においてもたらされるものであり，「中核的な大うつ病」とは異なる多様な状態を含んでいる。そのような若年者が精神科クリニックにおいて，「うつ病」「抑うつ状態」と診断され，「大うつ病の標準治療＝休息と薬物治療」を受けるようになった。元来「うつ病」の標準治療による反応率は40〜60％であり，寛解率はそれより低いので，大量の「治療抵抗性患者」「遷延性うつ病患者」が発生し，治療中のうつ病患者が爆発的に増加することになった。「専門家に治療を受けても治らない」という状況を説明するために，「そもそも彼らはうつ病ではなかった」とする物語が必要となり，その一部は「双極性障害」に回収され，また一部は「新型うつ」へと回収された。このような問題については特に精神科診療や臨床心理学的実践においては，さまざまな形で論じられているが，十分に焦点づけされた合意に至っているとは言えない。

3. 見立て

　診断という用語が，医学における疾患カテゴリーを前提に用いられていることに対して，精神医学および臨床心理学においては，診断という言葉と対比的に「見立て」という言葉が用いられてきた。精神科医の土居健郎は『方法としての面接』*12の中で以下のように述べている。

　　診断というコトバ自体，それによって病気の種類を思い浮かべることはできても，そこから生きた患者の姿は立ち上がってこない。…「見立て」という場合には，病気の種類ではなく，病気と診断される個々の患者の姿が浮かび上がってこないだろうか…「見立て」は診断的なものを含んでいるが，しかし単に患者に病名を付することではない。それは断じて分類することではない。それは個々のケースについて診断に基づいて治療的見通しを立てることであるとともに，具体的に患者にどのように語りかけるかを含むものであって，極めて個別的なものである。

「見立て」の重要性は，臨床心理学の間では，むしろ常識と言ってもよいほど，しばしば言及されるが，その定義は必ずしも明確なものではない。上記の土居の考えをもとに「見立て」の特徴を整理すると，

1)「見立て」は「診断」を含むが，診断に限定されない，より広い概念である。
2)「見立て」は患者の個別性を中心におく。
3)「見立て」は時間経過を含み，特に未来予測に関わる。
4)「見立て」は患者との交流に影響を与えると同時に患者と共有できるものでなければならない。

ということになる。上記の「見立て」の特質から，見立てとは，臨床人類学の観点から見ると，その患者が生きている「病いの物語（illness narrative）」

を把握し，専門家としての臨床家の解釈を通じて再度描き出す（re-present）ことであり，患者自身と患者の病いを，過去，現在，未来の時間軸の中に位置づけ，「プロット化（emplotment）」することである，と言えるだろう。

　一方で「診断」は，治療者（医師）が，患者を対象化して「判断」するものであると考えられるのに対して，臨床心理学的支援においては，支援者とクライエントの「関係性」が極めて重要になる。この見立てをめぐる関係性について，河合隼雄は講演録[*13]の中で以下のように述べている。

> くり返しになりますが，「見立て」と「診断」の大きな違いの一つは，「診断」の場合は客観的にテストをしたり観察や検査をすることで，「これは風邪です」とか「これは腸チフスです」と原因がはっきりわかることです。ところが「見立て」をする場合は，今，簡単に話をしてしまいましたが，クライエントがこのカウンセラーになら自分の本当の気持ちを言っても大丈夫だろうと信頼して話をしてくれないと，原因が分からない…もっと大事なことがあります。そういう関係の中で話を聴いていると，話しているクライエントが，自分でも思いもかけなかった話題を出してきたり，思いがけないほどの力を出したりします。これが「診断」と非常に違うところです。「診断」は，状況をできるだけ客観的に判断し，処置を考えようとします。「見立て」は，相手がどんな可能性をもっているかというところまで見なければならない。その可能性はこちらの態度によって変わってくるわけです。

　このように，見立てが機能する場は，支援者とクライエントの関係性が前提となる場であり，その間主観的関係が機能する場においてこそ，クライエントの主体性，支援の場による創発性が生まれてくると考えられる。その意味からも，土居が「見立て」の特徴の１つとして強調しているように，「見立て」は，見立てるものと見立てられるものの間で共有できるものでなければならない。「見立て」は臨床心理学的支援における「機能的対話」の中で，適切な「話題」として積極的に取り上げられることができるものであるし，そのように利用されるべきであると考えられる。

4. アセスメント

　アセスメント（assessment）とは，元来は「評価」や「査定」を意味する言葉である。臨床心理学的実践におけるアセスメントの定義は1つに定まっているわけではないが，以下に代表的な定義を2つ引用する。

> 何らかの問題を抱えて専門家の前に現れるクライエントを，さまざまな角度，視点から把握し，それらの情報を統合するなかで，支援の方向を探る一連の作業。　　　　　　　　　　　　　　　（杉山，2004）[*14]

> 臨床心理学的援助を必要とする事例（個人または事態）について，その人格や状況，および規定要因に関する情報を系統的に収集，分析し，その結果を統合して事例への介入方針を決定するための作業仮説を生成する過程。　　　　　　　　　　　　　　　　　（下山，1998）[*15]

　前者の杉山の定義では，臨床心理学的実践が「総合把握→支援」のプロセスであると見なされているのに対して，後者の下山の定義では「アセスメント（仮説生成）→介入（仮説検証）」という実証的な過程であると見なしている。第2章で触れたように，この2つの考え方はどちらが正しいかという問題ではなく，臨床心理学の多元性の表れであると考えられる。上記の2つの定義に共通する特徴として，以下のことが言えるだろう。

1) 臨床心理学的アセスメントは，心理検査を含むが，心理検査そのものではない。
2) 臨床心理学的アセスメントは診断（あるいは診断的行為）を含むが，診断そのものではない。
3) 臨床心理学的アセスメントはセラピストとクライエントの相互作用により支援（あるいは治療）方針を決定していくプロセスであるが，判断の責任はセラピストにある。

4）臨床心理学的アセスメントとは，複数の要因を含む総合的把握のプロセスである。

　臨床心理学的アセスメントは，前節で述べた「見立て」と概念的には類似した点を持っているが，アセスメントが，より細かい要素を一つひとつ明確にして，最終的に総合するプロセスであるのに対して，「見立て」は，より包括的であり，物語生成的な側面が強調されていると言えるだろう。
　アセスメントを行うための情報収集の方法として，臨床心理学は多様な手段をもっている。それを列挙すると，以下のようになる。

　1）観察によって得られる情報
　2）面接，聴き取りによって得られる情報
　3）いわゆる心理検査によって得られる情報
　　a）質問紙法
　　b）投影法
　　c）知能検査法
　　d）神経・生理検査法
　　e）画像診断法
　　f）その他

　上記のうち第3項に挙げた「いわゆる心理検査」は，狭義の心理アセスメントとして理解されていることが多く，非常にたくさんの種類がある[*16]。本書の目的から，その全てについて概説することはできないが，重要と思われるポイントをいくつか指摘しておきたい。
　第一に，心理検査はあくまでも総合的なアセスメントのプロセスにおいて利用される情報であり，検査単独でそのクライエントのアセスメントを決定することはできない。第二に検査にはそれぞれ目的があり，検査の価値は目的と相関して判断される。検査を行う目的として，医学的（あるいは臨床心理学的）診断に寄与するためなのか，心理的介入を行う状態把握のためなのか，あるいはクライエントの特定の側面，あるいは総合的状態の把握と理解を通じて支援

137

を有効なものにするためなのか，といった複数の目的に応じて，検査から得られた情報の価値は個別に判断されなければならない。第三に，特に診断を念頭に置いて検査が施行される場合，その検査の感度，特異度等の診断能力が厳密に吟味される必要がある。どのような検査も100％の診断能力をもつことはなく，多くの場合，その診断能力は期待されるよりも限定的であることが多い。第四に，クライエントの総合把握を目的としてテストバッテリーと呼ばれる複数の検査が組み合わされて行われることがあるが，この場合，複数の検査を組み合わせることが診断能力を高めるとは限らない。検査の数を増やせば，感度は高まるが特異度は低下し過剰診断に陥る可能性が生じることを十分に意識する必要がある。

心理検査の施行と得られた情報の評価は，心理専門職にとっては重要な専門技能であるため，心理検査についての十分な知識をもち，訓練によって適切に実施する技能を身につけることは重要である。しかし，上記で述べたように，心理テストはあくまでも個別のクライエントの包括的なアセスメントの一部に過ぎないことを忘れてはならないだろう。

註 ●●●●●

*1 疾患が客観的な実在物であるという考えは，医学においても必ずしも常に主流の考え方であったわけではない。例えば，現在では治療法が確立している多くの感染症が，細菌やウイルスなどの特定の病原体によって惹起される特定の病態であるということが確立されたのは19世紀のことであり，それまでは体液説などの全体論的な説明モデルのほうがむしろ優勢であった。20世紀に入ってもエイズ（AIDS 後天性免疫不全症候群）の原因をウイルスではなく道徳的な問題に帰そうとする考えは存在した。

*2 フレイルとは frailty（脆弱性）の日本語訳で，「加齢とともに心身の活力（運動機能や認知機能等）が低下し，複数の慢性疾患の併存などの影響もあり，生活機能が障害され，心身の脆弱性が出現した状態であるが，一方で適切な介入・支援により，生活機能の維持向上が可能な状態像」（厚生省研究班）と定義されている。

*3 そもそも精神医学とは何か？ 精神疾患は存在するのか？ といった根本的な問題を扱う学術領域は科学哲学の領域である。特に「精神疾患は実在しない」とする，反精神医学的な主張や運動が決して珍しくないという現状を無視することはできない。科学哲学者のレイチェル・クーパーは，その著書の中で，これらの問題についての冷静

で洗練された議論を行い，精神疾患は実在するという「控え目な主張」が有用であることを説得力をもって主張している。以下を参照のこと。
　　Cooper, R.（2007）*Psychiatry and philosophy of science.* Acumen Publishing Ltd.（伊勢田哲治・村井俊哉（訳）（2015）『精神医学の科学哲学』　名古屋大学出版会）

* 4　医学的診断体系（病名の体系）として，全世界共通のシステムとしては，国際疾病分類（ICD: International Classification of Diseases）が用いられている。現在は 1990 年に WHO が設定した第 10 版：ICD-10 が用いられているが，改訂作業が進められており，ICD-11 は 2018 年に公開される見込みである。また精神疾患に関しては米国精神医学会が，精神疾患の分類と診断の手引（DSM: Diagnostic and Statistical Manual of Mental Disorders）を公表しており，現在第 5 版（DSM-5）が発行されている。

* 5　DSM システムに対する批判としては多くの論文や書籍が発行されているが，最もインパクトを与えている書籍の 1 つとして，DSM-4 の作成の中心人物であった，フランセス（Frances, A.）による DSM-5 への批判がある。以下を参照のこと。
　　アレン・フランセス（著）大野　裕（監）青木　創（訳）（2013）『〈正常〉を救え──精神医学を混乱させる DSM-5 への警告』　講談社

* 6　スーザン・ソンタグ（著）富山太佳夫（訳）（2012）『隠喩としての病──エイズとその隠喩』みすず書房

* 7　Antonovsky, A.（1987）*Unraveling the mystery of health: How people manage stress and stay well.* Jossey-Bass.（山崎喜比古・吉井清子（訳）（2001）『健康の謎を解く──ストレス対処と健康保持のメカニズム』　有信堂高文社）

* 8　Kleinman, A.（1988）*The illness narratives: Suffering, healing, and the human condition.* Basic Books.（江口重幸 他（訳）（1996）『病いの語り──慢性の病いをめぐる臨床人類学』　誠信書房）

* 9　EBM における診断は，ベイズの定理を前提としている。ベイズの定理は，「事後オッズ＝事前オッズ×尤度比」の式で表される。EBM の診断で用いられる基本用語は以下のようなものがある。
　　感度（Sn）＝その疾患のある人のうち検査が陽性になる人の割合
　　特異度（Sp）＝その疾患のない人のうち検査が陰性になる人の割合
　　陽性的中率（PPV）＝検査陽性のうち疾患のある人の割合
　　陰性的中率（NPV）＝検査陰性の人のうち疾患のない人の割合
　　陽性尤度比（LR+）＝ Sn／(1-Sp)
　　陰性尤度比（LR-）＝（1-Sp）／Sp
　当然のことであるが，これらの数値は，診断というプロセスに役立てるための情報であって，診断そのものではない。

*10　日本うつ病学会治療ガイドライン：大うつ病性障害 2012, ver.1
　　　http://www.secretariat.ne.jp/jsmd/mood_disorder/img/120726.pdf

*11　社会構成主義（social constructionism）は，現実は社会的交流を通じて言語により物語的に構成される，というテーゼを採用する代表的なポストモダン思想。ナラティブ・アプローチを下支えする理論の1つで，実在論的本質主義とは真っ向から対立する。

*12　土居健郎（1969/1992）『方法としての面接』 医学書院

*13　河合隼雄（2000）『河合隼雄のカウンセリング講座』 創元社　pp.109-147.

*14　杉山明子（2015）臨床心理学的アセスメント　丹野義彦 他（編）『臨床心理学』 有斐閣　pp.129-156.

*15　下山晴彦（2003）アセスメントとは何か　下山晴彦（編）『よくわかる臨床心理学』 ミネルヴァ書房　pp.34-35.

*16　初学者の適切な学びを与えると思われる代表的な書籍として以下を参照されたい。
　　　村上宣寛・村上千恵子（2008）『改訂 臨床心理アセスメントハンドブック』 北大路書房
　　　下山晴彦（2008）『臨床心理アセスメント入門』 金剛出版
　　　津川律子（2009）『精神科臨床における心理アセスメント入門』 金剛出版
　　　小海宏之（2015）『神経心理学的アセスメント・ハンドブック』 金剛出版

補論 6

発達障害の大学生の診断をめぐる問題とナラティブ・アセスメント

　筆者は 2007 年度から「発達障害のある大学生への支援システムの構築」のプロジェクトに関わってきた。当時,「発達障害とは小児の問題であって,成人や大学生に発達障害の人などいるはずがない」ということが常識であった時代だった。しかし,大学生においても社会的コミュニケーションが極端に苦手であり,そのためにさまざまな「生きにくさ」を抱えている人が少なくないということは経験的に知られていた。日本において,「大学生における広汎性発達障害」の第一例目が学術的に報告されたのは,1996 年の福田の報告[*1]が最初である。その後,大学生に焦点化した発達障害支援に関する研究報告,支援方法に関する提言などが次々と公表されるようになった。しかし,発達障害のある大学生に適切に対応し,キャンパスライフにおける支援を有効に実践するためには,未解決の問題が複数あった。

●診断をめぐる問題

　大学生の発達障害支援において,最初に問題になるのは,診断をどう考えるかということである。一般には,①自閉症スペクトラム（Autistic Spectrum Disorder: ASD）,②注意欠陥多動性障害（Attention-Deficit/Hyperactivity Disorder: ADHD）,③学習障害（Learning Disorder: LD）,④その他の発達障害,の 4 つの下位分類に分けられている。しかし,発達障害にはいろいろな観点からの分類があり得るし,その診断基準は刻々と変遷している。

　本邦における発達障害概念は,社会的には発達障害支援法がその対照として定めたものに基づいているが,必ずしも ICD-10 や DSM-5 などの「疾患概念」と一致していない。そもそも,「障害」という概念そのものが,医学モデルから見た場合と,教育モデルや社会モデルから見た場合では異なっている。教育の場であると同時にキャンパスライフという生活の場でもある「大学」において,発達障害という概念を扱う場合,さらに状況は複雑である。医学モデル（狭義の医学モデルである疾病モデルやリハビリテーションモデルといったさらに細かい分類を含む）,社会モデル,特別支援教育モデル,心理

臨床モデル，さらに組織経営や社会経営モデルといった，複数の視点から見た"異なった物語"が交錯することは避けられない。その中で医学的診断にのみ特権を与えることは現実的ではない。

　もう1つの問題は発達障害の概念それ自体にある。いろいろな観点からの発達障害の定義がありうるとしても，その共通点として「発達障害とは，生来，あるいは人生のごく早期からの能力的な障害であり，その根本的な特性は生涯変わらない」という理解は共有されていると思われる。しかし，この「特性は生涯変わらない」という基本的概念が，実際に当事者と接している者の実感と合わないのである。同様のことは，大学生のみならず子供の発達臨床においても指摘されている。中田[*2]は，乳幼児健診における専門家のジレンマについて触れ，「一歳半児健診で障害を疑い就学後まで追跡する間，複数の相談機関と医療機関での検査と診断において，中等度精神遅滞，自閉傾向を伴った精神遅滞，知的障害を伴う広汎性発達障害と変遷し，就学後に確定した診断は高機能広汎性発達障害であった」という自験例を報告している。発達障害の主たる領域である幼児〜学童期においてさえ，このようなことが例外ではないとすれば，大学生においてはなおさらである。

　成人期の発達障害者に見られる状態像の複雑さは，一般には，齊藤[*3]が述べるように，「成人期に臨床上の問題になる発達障害とは，発達障害そのものの深刻化ではなく，二次障害としての併存精神障害の合併と深刻化によるものである」として説明されている。確かに，「基本的な発達障害の特性」は変化せず，状態像の変化は「二次障害」によるという考え方は一定の説得力をもつが，実際のところ，ある学生の抱えている問題のどこまでが「発達障害としての普遍的特性」であり，どこからが「併存する二次障害」であるのかを，支援の現場においてリアルタイムに判別することはほぼ不可能である。

　筆者らは，このような発達障害の診断に関するジレンマを解消するために，とりあえずの支援の出発点を，医学的診断の有無ではなく，本人または本人を支援しようとする人々からの支援ニーズに置くことを提案した。このことはもちろん，発達障害の診断を無視するとか，必要な場合に専門家の診断を仰ぐ努力を放棄するということではない。目の前の学生や教職員，家族などの「困りごと」を支援の出発点とし，その時点での診断の有無をあまり重要視せず，むしろ支援を開始し継続する中で，診断の問題をどう扱うかを柔軟に考えていくという基本姿勢を採用するということである。

● アセスメントをめぐる問題

　診断にこだわらない支援を実践するといっても，支援のプロセスにおける個々の行動方針の選択は必須であり，そのための適切なアセスメントを欠かすことはできない。ア

セスメントとは、診断のみならず、当事者の状態を把握し、支援の方法を選択し、どのような配慮を行うかを決定し、支援そのものがうまくいっているかどうかを評価し、予後を予測するといった一連の作業を指す。筆者らは、幼児、児童期のアセスメントの中心的作業とされている発達心理学的アセスメントは、それ単独では必ずしも大学生支援に十分ではないと感じ、これに代わるものとしてナラティブ・アセスメント（narrative assessment）という方法論を開発してきた[*4]。ナラティブ・アセスメントとは、「発達障害大学生支援における連続的な判断プロセス（診断、支援方法の選択、合理的配慮の決定、支援効果の評価、予後予測など）を、物語的対話を通じて行うための方法論」と定義されるものである。

「ナラティブ」とは、日本語では「物語」「語り」「物語り」などと訳されているが、一般的に定義すれば「あるできごとについての言語記述（言葉）を何らかの意味のある連関によってつなぎ合わせたもの、あるいは言葉をつなぎ合わせることによって経験を意味づける行為」である。通常私たちは、現実とは私たちによって認識されている疑うべからざる実体であると考えており、現実を正しく認識し、適切な行動によってそれに対処していくことで、問題を解決したり、良く生きていくことができると素朴に信じている。言葉を変えると、私たちを取り巻く現実とは、私たちがどのように考えるか、どのようなことを語るか、どのようなことを期待するかということに先行して、既に実在しているものであると考える。例えば発達障害という障害、あるいは発達障害をもつ人（大学生）は、現実に存在しており、私たちはそれを正しく発見し、正しく理解し、正しく支援することを目指す必要があると考える。

しかし、ナラティブ・アプローチはそのような見方をとらない。むしろ私たちは社会的な相互交流において、「発達障害」という言葉を用い、「発達障害という物語」を語り合うことによって、「発達障害」という現実（あるいは「現実」として私たちが共有するもの）をつくり出している、と考える。これは、コミュニケーションに困難を抱えているために、キャンパスライフにおける支援を必要とする人など現実には存在しない、などということを言っているのではない。そうではなくて、私たちはそのような具体的な個人としての学生との対話、あるいはそのような学生をめぐる対話の中で、「発達障害という物語」を語り合うこともできるし、それとは違う物語を語り合うこともできるということが重要なのである。それらの物語には、「病気」とか「性格」とか「本人の努力次第」とか「個性」とか「能力」などとラベルされる複数のものが含まれるだろう。ナラティブ・アプローチは、そのうちのどれかが唯一正しい物語であるとは考えない。そこには複数の物語が併存することを許容する。ナラティブ・アプローチは現実を理解するにあたって上記のような多元的な態度を取る。しかし、それはどのような物語でも同じということを意味しない。その時々の具体的な状況に応じて、最も役に立つ物語、

最も有効な物語を選択し，採用すればよいと考えるのである。
　大学生における発達障害支援を，ナラティブ・アプローチの視点から記述すると以下のようになる。

> ナラティブ・アプローチは発達障害を，学生の人生と生活世界の中で体験される1つの物語として理解し，学生を物語の語り手として尊重するとともに，学生が自身の特性をどのように定義し，それにどう対応していくかについての学生自身の役割を最大限に尊重する。支援者の拠って立つ理論や方法論も，あくまでも支援者の1つの物語と考え，唯一の正しい物語は存在しないことを認める。発達障害の支援とは，学生，支援者，教職員，家族等が語る複数の物語を，今ここでの対話において摺り合わせる中から，新しい物語が浮上するプロセスであると考える。

　筆者らは，ナラティブ・アセスメントを，①対話の成立，②セルフ・アセスメント，③アセスメントから支援への循環，の3段階からなるプロセスとして整理した。まず対話の成立のプロセスでは，支援者は学生の語りを物語として尊重しながら聴くことで，学生の主観的体験の全体を知ろうとする。支援者は学生との対話を促進するような聴き方，質問の仕方を工夫するが，支援者の専門性を意識の中心に置かず，「無知の姿勢」を堅持することにより，主体としての学生の語りに耳を傾ける。支援者ー学生間のやりとりが促進され，2人の共同作業による「新たな物語の構築」が行われるようになると，支援者ー学生間の安定した関係がしだいに確立されていく。
　このような支援の基盤が形成されると，学生は支援者との対話の中で自分自身に起こったできごとを言語的に表現することができるようになり，その表現は支援者によって要約され，物語化されて学生にフィードバックされる。このような作業を通じて，学生は自分に起こったできごとの経験を思考レベルで再構成し，その結果，自身に起きた問題を物語的に外在化できるようになる。このような作業が丁寧に繰り返される中で，学生は自分自身のありがちな傾向や自分の特性に目を向けることができるようになる。自分で自分のありがちな行動パターンを物語化して知ること，それに気づくプロセスを，筆者らはセルフ・アセスメントと呼んでいる。
　学生が支援者との物語的対話を通じてセルフ・アセスメントを行うことが可能になってくると，そのような作業は未来を想定した語りを生み出すようになる。これらの語りは，具体的な支援方針の選択を共同構成する援けとなるとともに，このような対話そのものが継続的なコミュニケーション支援のプロセスとして働く。このように，ナラティブ・

アセスメントは，支援者と学生の良好な関係を構築しつつ，対話を通じての学生の自己理解を促進し，同時にそれに引き続く合理的配慮の探究等を通じた具体的な支援へとつながる複合的なプロセスとして機能するのである。

註 ●◆◆◆◆

＊1　福田真也（1996）大学生の広汎性発達障害の疑いのある2症例　『精神科治療学』 11: 1301-1309.

＊2　中田洋二郎（2010）発達障害の面接技法　楡木満雄（編）『クライエントの問題を解決する面接技法　現代のエスプリ 515』　ぎょうせい　pp.132-142.

＊3　齊藤万比古（2010）発達障害の成人期について　『心身医学』　50: 277-284.

＊4　斎藤清二・西村優紀美・吉永崇史（2010）『発達障害大学生支援への挑戦──ナラティブ・アプローチとナレッジ・マネジメント』　金剛出版

第7章
臨床心理学と研究

　第2章で論じたように，本書では臨床心理学を1つの実践科学として定義する立場をとる。臨床心理学は，「苦しむ他者を支援する」ことを目的とする個別実践を必須の過程として含むので，その科学的側面も，個別事象であるがゆえの不確定性，複雑性という限界が避けがたい。しかし，臨床心理学は，その実践からある程度の一般性をもつ仮説を理論の候補として生産し，普遍的な法則を探究することを放棄するものではない。第3章で論じたように，臨床心理学は「科学を利用する科学（≒合理的で探究的な実践）」であるという観点から，科学的な営みである探究的行為としての研究について，本章では論じたい

1．実践研究とは

　実践科学としての臨床心理学における研究とは何かについては，第2章で論じた「科学の営み」の定義を，以下のように「科学的研究」として読み替えることが許されるだろう（図7-1）。

　　実践科学における研究とは，私たちが生きている世界における現象体
　　験を基盤とした，理論生成とその検証（私たちが生きている現象界で
　　の出来事と，その理論がどのくらい適合しているかの検証）のサイク
　　ルが作り出す，継続的で漸進的なプロセスである。

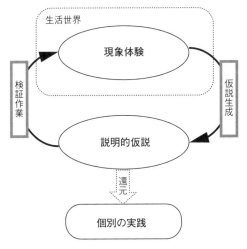

図 7-1　実践科学における研究

　ここで，心理学一般における研究と，臨床心理学の研究は一部重なるとはいえ，全く同じものではないということを強調しておきたい。臨床心理学はその実践において，一般的な心理学的研究の成果を"利用"するので，あらゆる心理学的研究は，臨床心理学と無関係ではない。しかし，臨床心理学における研究は，「臨床において」「臨床のために」「多くの場合臨床家によって」行われるという事実は無視できない。上記に掲げた実践科学の営みの定義が「私たちが生きている世界における現象体験を基盤とする」という点を強調するのは，臨床の現場がまさにそういう場だからである。さらに言うと，「理論を単に現場に当てはめる」ような行為は，そもそも科学の営み＝研究とは言えない。研究とは「探究」の行為だからである。

　研究を行うためには，「データを収集」することが欠かせない。データ収集とは，現象からある特定の側面を選択して切り出し，理論生成のための作業（一般には分析と呼ばれる）が可能なものに変換することである。現象は複雑な情報をほぼ無限に含んでいるので，科学的研究の過程で現象をまるごと扱うことはできず，必ずその一部をデータ化することが必要である。この時に，データが含んでいる情報は，現象そのものが提供しうる情報より遙かに少ない。現象，

データ，仮説という言葉を用いて，研究とは何かということを単純化して述べると，研究とは次のようなステップからなる。

1) 現象をデータに変換し，収集する。
2) 得られたデータを分析することによって，仮説を生成する。
3) その仮説が妥当であるかどうかを現象にあてはめて検証する。

心理学の場合，その研究対象である「こころ」は物体ではないので，それをデータ化するためには，何らかの変換が必要で，その代表的な手法が，「操作的定義に基づく構成概念の作成」であるということは既に述べた。この場合，得られるデータは量的な，つまり数値として表されるものとなる。一方で，数値化することに向いていない「こころの現象」については，テキスト記述や画像などの質的なデータ（数値化されていないもの）として収集される。もちろん，質的なデータにおいても，現象そのものをまるごと取り出すことはできないので，そもそもテキスト化やイメージ化自体が，情報を縮約している（あるいは制限している）と言える。さらにそこから仮説を生成するためには，さらなる縮約が必要であり，その手順については後述する。

2．量的研究と質的研究

　前節で述べたように，科学における研究法は，利用されるデータの種類によって量的研究法と質的研究法の2種類に分類されることが一般的である。つい最近まで，量的研究法のみが"科学的"研究であって，質的研究は科学とは言えないという言説がしばしば語られてきた。しかし，既に時代は進歩しており，量的研究法と質的研究法は，互いに異なった特性をもち，異なった目的をもった研究法であるが，実践科学の観点からは，この2つの研究法はどちらも重要な科学的研究法であることについての合意がなされつつある。以下に量的

研究法と質的研究法を対比的に説明する[*1]。この説明は過剰に一般化されているので、現実はもっと複雑である。個々の研究法について深く学ぶためには、さらなる学習が必要となる[*2]。

1 ── 数値 vs テクスト

　量的研究で扱われるデータは原則として数値であり、統計検定が可能な数量化された情報だけがデータとして扱われる。定量的なデータを採集するためには、信頼性の確保された測定のための道具（測定装置や尺度など）が必要である。特に心理学領域においては、質問紙法などの尺度調査が多用される。このような調査は心理測定（psychometry）と呼ばれる。それに対して、質的研究においては、データの多くは数値化されないものであり、その代表的なものはテクスト（文章記述）である。データの収集法としては、研究者による参与観察（participating observation）や面接（interview）がその主なものである。

2 ── 実験研究 vs 自然観察研究

　量的研究は通常実験的な研究であり、実験群と統制群（対照群）を設け、できる限り両群の間にばらつきを生じないような条件統制が行われる。RCT（無作為割り付け試験）はその代表的なものである。それに対して質的な研究は、基本的には自然な環境において、現場で実際に生じてくるできごとや経験についての語りや観察記録を採取することを基本とする。臨床心理学的実践の現場においてRCTを行うということは、臨床を現場とはしているが、あくまでも条件統制を加えた実験的な研究であるということは意識しておかなければならない。これに対して、質的研究は、目の前の患者やクライエントに対して最善の結果が期待できる方法をとりつつ、実際に現場で起こることについての情報を集めるということであるため、クライエントに害を与える可能性は少ない。

3──仮説検証 vs 仮説生成

　量的研究は既に何らかの仮説が存在しており（例えば，Aという治療法はBという治療法より効果が優れている），それを検証するために研究をデザインし，データを集め，統計解析を行うことによって仮説の検証を行うという研究である。それに対して質的研究では，多くの場合，仮説は事前には存在せず，研究データの収集を行いながら仮説を生成していく。このためには，データの解釈と分析が必要であり，そのためにいくつかの方法が確立されている。しかし，生成された仮説の妥当性をどう考えるかという点については，量的研究にくらべると曖昧な点があり，質的研究の評価基準についてはさまざまな議論がある。仮説生成と仮説検証は，どちらも科学的研究のプロセスにおいては必須の課程であり，どちらかがより重要であるということは言えない。しかし，仮説の生成と検証は方法論的には全く異なるプロセスであるということは極めて重要で，この両者を混同することは，実践科学的研究を論ずる時に致命的な混乱を生ずるので注意が必要である。

4──実証主義的パラダイム vs 解釈学的パラダイム

　量的研究の基本となっている認識論は，実証主義（positivism）であり，これは近代科学の認識論とほぼ同義である。それに対して，質的研究の依って立つパラダイムは，主観的現実，意味の解釈，価値観，個別性などを重視し，解釈学的（hermenutics）パラダイムと呼ばれる。解釈学的パラダイムは，複数の立場からなる複合体であり，それらは実存主義，構造主義，現象学，構成主義，物語論などである。質的研究は，臨床現場において刻々と体験される「生きられた現象体験」を重視するとともに，その経験に人々（クライエントや支援者）が付与している解釈と意味に焦点を当てる。質的研究それ自体は，実証主義とは異なったパラダイムに属する「1つの科学」であるということができる。

3．質的研究における方法論の選択

　質的研究の方法論には非常にたくさんのものがある。臨床心理学領域において用いられる方法論も複数ある。その全てに触れることはできないが，大きく分けると，得られたテクストデータに対して，コード化，カテゴリー化を行い，それらを連続比較することによって，最終的には何らかのスキーマやセオリーやモデルを生成することを目的とするタイプの方法群と，テクストデータのある程度のまとまりを重視し，シークエンスやストーリーという観点からの個別性を重視した解釈と記述をその分析法の中心とするタイプの方法群がある。

　前者は，ある程度一般化されたモデル生成を目指す研究法であり，その代表例としては，KJ法[*3]，グラウンデッド・セオリー・アプローチ（GTA）[*4]などがある。

　後者は，個々のケースの個性記述を重視し，ユニークな意味を描き出すことを目指すものである。ナラティブ分析[*5]やライフストーリー研究[*6]などがその代表である。研究者自身の実践現場における文脈に応じて，どのような質的研究の方法論を選択するかという問題は，研究の目的に相関して選択されるべきである。

　臨床心理学的な実践現場を前提とした質的研究法の選択について，福島ら[*2]は「臨床現場で役立つ質的研究法」という観点から，「臨床現場」とは「医療・教育・福祉の各分野から個人（共同）開業までを含む様々な現場の中で，（読者）それぞれが属して具体的な活動を行う場所」と定義している。しかし，その現場は日常的ななにげない場所というよりは，やや深刻な「なんとかしたい」と思わざるを得ない現場であり，そこにおいて，「実践性」や「有用性」に焦点が当てられる。そのような臨床現場でこそ，研究の「有用性」と研究結果の「転用可能性」を同時に満たしつつ，厳密な客観性や一般化可能性にこだわらない質的研究の価値が浮かび上がってくる。質的研究と量的研究法の特徴の対比や，質的研究法自体の多様性については，既に多くの議論があるとはいえ，研究者としての学生，大学院生，若手の実践者，中堅の臨床家などを中核に据えた場合，「実践モデル生成型の質的研究法」こそが，これまでの研究と実践の乖離を埋め，「臨床家としての実力を高めることにも貢献する研究」となり得る。研究法と

しては前述のKJ法，GTAの他に「課題分析を中心としたプロセス研究法」,「合議のプロセスを用いた質的研究」,「PCソフトを活用した内容分析法」,「PAC分析法」「課題分析と合議制質的研究法の融合」などの実例を提示している。

　福島らの主張とも重なるが，臨床心理学の文脈において，研究者であるとともに実践者でもある者が，研究を通じて自身の実践能力を高めることができるかは重要な問題である。客観的実証主義の世界観に基づく量的研究者は，研究対象(多くはクライエント)と，自身のとの関係を切断し，対象化することによって研究結果の客観性を確保しようとする。しかし，このような研究者と対象者の関係は，臨床現場の関係性とは決定的に異なっており，実践者でもある研究者は，研究を進める過程において，実践と研究の世界観の違いに矛盾を感じざるを得ない場合がしばしば起こる。それに対して，質的研究者の世界観は，自身と世界との関係を切り離すことをせず，研究対象者との間に間主観的な関係を構築しつ相互交流的なインタビューや参与観察を通じて対象者の生活世界に入り込みつつデータを収集し，解釈し，それを物語的に再構成しつつ研究成果を記述し，対象者にフィードバックする。これらの質的研究のプロセスは，良質な臨床実践のプロセスと強い類似性をもっている。言葉を変えれば，臨床実践現場における質的研究者は，その研究を実践する能力を高めれば高めるほど，それは直接臨床実践能力を高めることにもつながることが期待される。このように，臨床心理学的訓練の途中にいる者が質的研究の経験を積むことは，研究者としての能力を高めるだけではなく，それ自体が臨床家としての質を高めていくことにつながると思われる。

4．研究をその目的から考える
――メカニズム研究，効果研究，質的改善研究――

　臨床心理学的実践の現場において，研究は何のために行われるのだろうか。研究の目的は，その研究者の研究関心，あるいは研究疑問と呼ばれるものと密接に結びついている。「研究という1つの行為を通じて，いったいどのような

ことを知りたいのか？」という問題意識は，研究を企画し実践するにあたって，最も重要なポイントであり，研究という活動のそもそもの前提となる。重要なことは，研究の目的と，研究に用いる理論，方法論，道具の間には，整合性がなければならないということである。逆に言えば，その研究が妥当性をもつかどうかは，どのような方法論を採用したか，どのような道具を用いたかだけによって決まるのではなく，その研究の目的と理論，方法論，道具のセットの間との整合性で決まる。この考え方はクーン（Kuhn, T. S.）のパラダイム論を下敷きにしている。

　具体的な例に添って考えてみる。仮にあなたが，摂食障害の病態解明と治療に興味をもつ研究者（あるいは実践者）であるとする。ここでは，臨床心理学的実践をめぐって研究を行おうとする時に採用される，大きな3つの目的を例示す。

　第一の研究は，「メカニズム研究（mechanism study）」である。あなたは，「摂食障害とはどのような原因で起こるのか？」「摂食障害という病態のメカニズムは何か？」という研究疑問をもっている。おそらくあなたは，摂食障害の原因，あるいは何らかの病態メカニズムについての仮説をもっているだろう。その仮説は先行研究から得られたものかもしれないし，あなたのこれまでの実践経験に基づくかもしれない。仮説が生物学的なものであるか，心理学的なものであるか，社会学的なものであるかによって，収集するデータは異なるが，いずれにせよこの研究は，仮説検証型の研究になる。研究対象は摂食障害をもつ患者であったり，摂食障害をもたないが何らかの似たところのある人たち（これをアナログ対照と呼ぶ）であったり，モデル動物であったり，時には培養細胞であったりする。いずれにせよ，何らかの測定可能なデータを採取し，それを数値化したものを統計的に分析することが検証には必要である。データとしては量的なデータを用いることになるだろう。したがって，この研究は臨床研究というよりは基礎研究ということになり，仮説検証型の実験的研究ということになるだろう。

　第二の研究は「効果研究（outcome study）」である。この場合，あなたの関心は「摂食障害の患者に，ある特定の治療法を行うことによって，何もしないかあるいは他の治療を行うよりもより良い治療効果（摂食行動の改善，社会

的機能改善等）が得られるか？」というものになるだろう。その場合，おそらくあなたは，その治療法が他の方法よりも治療効果が優れているということを，他の専門家や一般の人々に対して主張したいという希望を抱くだろう。その場合，その研究はRCTによって行われるべきである。このような介入治療の効果を証明するためには，無作為割付による対照群との比較が必要で，対照群のない治療成績のみでは，この治療法の一般的有効性を主張できない。しかし，もしこのような臨床疫学的な方法でその治療法の有効性が実証でき，その結果がデータベースとして共有されれば，その研究成果は，複数の治療者が臨床判断に利用することが可能になる。また，その成果が臨床ガイドラインに取り入れられれば，それは，その領域における治療の標準化に一歩貢献したことになる。

　それでは，既にある治療法やケアの方法には有効性があるということを知っている治療者は，次に何をしたいと考えるだろうか？　もちろんその方法を行ったからといって，クライエントの全てに有効性があるわけではない。またその方法を施行する上で，いろいろやりにくい点や，クライエントにとっては不都合な点も生じるかもしれない。そこで，この治療法やケアの方法における改良すべき点を明らかにし，この方法をさらにより良い方法にしたいと思うのは実践者の自然な態度であると思われる。それでは，「あるケアの方法が別の方法より優れているかどうかを知ること」ではなく，「そのケアの方法のプロセスをより良いものに改善していくこと」があなたの関心であるとしたら，そこで用いられる方法はどのようなものが適当なのだろうか。

　もし改善する点が既にわかっているのであれば，「改良前の方法」と「改良後の方法」とでRCTを行うということをすぐに思いつく。しかしこの方法は極めて能率が悪いうえに，そもそもどこを改善すべきか，という疑問に答えてくれるものではない。このような場合，ある方法をより良いものに改善するために最も有効な研究法は，「効果研究」ではなく，質的改善のための探索的研究であり，それは「質的改善研究（quality improvement study）」と呼ばれる。これが第三の研究法である。重要なことは，質的改善研究はメカニズム研究とも，効果研究とも全く異なるパラダイムによって行われる研究であるということである。

　質的改善研究の目的は，「既に行われている，あるいは行われることになる

実践」をより質の高いものにするための実践知（practical knowledge）を創生，あるいは発見し，それをできる限り明示化して集積することである。いまだ効果があるかどうかがわかっていない介入法の効果を検証するための研究ではないし，自分の方法が他人の方法よりも優れているということを主張することを目的と行う研究でもない。そうではなくて，そのケアの方法のプロセスを丁寧に行うと同時にデータを収集し，そのデータの分析を通じて，新しい実践に役立つ知を創生し，明示化し，伝達し，他者と共有することによって，その領域での実践知を豊かにするための研究である。

5．事例研究法[*7]

　臨床心理学における事例研究は，多くの場合，治療者，支援者が自分の担当したクライエントについて，その支援や治療の経過を詳細に記述し，そこから何らかの臨床において重要な知見を導き出すことを目的とした研究である。ステイク（Stake, R. E.）[*8]は「事例研究は，質的探究を行うための最も一般的な方法の1つであるが，それは必ずしも一つの独立した研究法を示唆しているわけではなく，むしろそれは何が研究されるべきかという対象の選択である」と述べている。臨床における事例研究の多くは，1人のクライエントへの治療やケアの過程を詳細に描き出すことをその目的にするが，事例研究の対象は必ずしも1人のクライエントであるとは限らず，クライエントとケア提供者を含む1つのシステムがその研究の対象であると考えたほうがよいことも多い。いずれにせよ，事例は必ず「固有性」をもっており，「境界をもったシステム」であると考えられる。

　事例研究には，個性記述的な側面と一般化を目指す側面がある，ということがしばしば論じられるが，多くの臨床事例研究においては，この2つの側面が統合されている必要がある。事例研究の目的は「研究対象（事例）の個別性をできる限り豊かに描き出すことを通じて，何らかの転用可能性（transferability）

をもつ知識（knowledge）を提供すること」と表現できる。

　事例研究の広い意味での科学性が論じられる時，一番の問題点は，「一事例の経験についての研究が，なぜ一般性を持ちうるのか」という疑問にどう答えるかということであろう。その問いへの答えは2つあり，1つは「事例研究は物語性をもつ」からであり，もう1つは「事例研究は知識利用を前提とする」からである。

　河合隼雄[*9]は，「優秀な事例報告が，そのような個々の事実を超えて普遍的な意味をもつのは，それが『物語』として提供されており，その受け手の内部にあらたな物語を呼び起こす動機（ムーブ）を伝えてくれるからなのである」と述べている。臨床心理学と医学が「物語」を駆使して，臨床において役立つ知識（knowledge）を生成し伝達し合うことを，実践における最も本質的なことと見なすのであれば，事例研究のもつ物語としての性質は，臨床そのものにおける最も有用な媒介となることは十分に納得できることである。

　質的研究，物語研究，知識利用研究の観点から事例研究を見れば，それは「原則として一事例についてのプロセスから詳しいデータを収集し，収集されたデータの分析から，何らかのパターン・構造仮説・理論モデルなどを生成することを試みるタイプの研究法」と定義できる。同時に事例研究において生成された仮説は，その一事例だけに役立つものではなく，個別事例を超えて"転用可能（transferable）"な性質を担保できる。知識利用科学の観点から言えば，このような「質の高い仮説」は，事例を超えて利用される「知識資産」となり「臨床知」となる。

　臨床心理学的実践は，支援者とクライエントの相互的な物語的行為である。そこでは，支援者とクライエント，さらにはそこに関わる複数の人の主観性，経験，相互交流，意味などに焦点を当てた研究が必要とされる。質的研究法としての事例研究は，実践科学の観点から見て，「科学の営み」という条件を満たしている。臨床において実践と研究は分離できない。「仮説」と「理論」と「知識資産」は，ほぼ同義の概念として用いられ，その有用性を担保するものは「一般化可能性（generalizability）」ではなく「転用可能性（transferability）」である。

6. 混合研究法

　前節まで述べてきたように,量的研究と質的研究は,拠って立つ認識論,仮説に対する態度,データの収集法,分析法,何を研究の目的としているのかなどに大きな違いがある。しかし,この2つの方法論はいずれも科学的であり,両者を組み合わせて使うことにより,広範な目的に適応する研究がデザインできると考えられる。元来,心理学は量的なデータも質的なデータも扱ってきたという歴史があり,2種類の研究を用いる素地は十分にある。しかしながら,2つの研究法の認識論,方法論レベルからの深い考察,あるいはその両者を組み合わせることの意味についての検討が行われてきたとは必ずしも言えない。しかし,この25年ほどの間に量的研究法と質的研究法を精密な研究デザインによって組み合わせて用いる混合研究法（Mixed Method Research: MMR）が全世界的に,急速に発展,整備されてきた。[*10] 本節では,混合研究法の定義とデザイン法について簡潔に紹介する。

　クレスウェル（Creswell, J. W.）は,混合研究法を以下のように定義している。

> 研究課題を理解するために,（閉鎖型の質問による）量的データと（開放型の質問による）質的データの両方を収集し,二つを統合し,両方のデータがもつ強みを合わせたところから解釈を導き出す,社会,行動,そして健康科学における研究アプローチである。[*11]

　混合研究法は,単に量的・質的データの両方を収集し,足し合わせたものではない。混合研究法は,研究法上の認識論,存在論的な理解・議論を十分に踏まえた上で,明確な研究デザインに基づいて,量的,質的データが採取され,厳密な方法で分析され,その結果が統合的に解釈されなければならない。

　その意味で,量的,質的な研究法を科学的研究法の中での第一,第二の方法と位置づければ,混合研究法は第三の研究法として位置づけられる。この3つの方法論にはそれを下支えする認識論が異なっており,そのまま混ぜ合わせれば,クーンの言うところのパラダイムの相違による共約不可能性の問題が生ず[*12]

る。量的研究法の主たる認識論は,実証主義とポスト実証主義である[*13]。質的研究法の主たる認識論は構成主義である[*14]。この両者は相いれないパラダイムであり,その両者を統合的,あるいは経時的に組み合わせて機能させるために,混合研究法はプラグマティズム[*15]を採用する。

混合研究法における研究デザインを,クレスウェルは以下の3つの基本デザインと3つの応用デザインに整理している。

【基本デザイン】
1) 収斂デザイン(convergent design):量的および質的データの収集と分析を別々に実施する。その目的は,量的・質的データ分析の結果を結合することである。
2) 説明的順次デザイン(explanatory sequential design):一連の量的な研究から開始して,次にその結果を説明するために一連の質的な研究を実施する研究法である。
3) 探索的順次デザイン(exploratory sequential design):最初に質的データ収集・分析によって課題を探索し,次に測定尺度や介入の開発を行い,第3段階において量的調査によるフォローアップを実施することである。

【応用デザイン】
1) 介入デザイン(intervention design):実験または介入試験を実施する中で質的データを加えることによって課題を探求すること。
2) 社会的公正デザイン(social justice design):社会的正義の枠組みから課題を探求することを目的とする。研究者は混合研究全体を通してこの枠組みを貫くことによって,基本型デザインを発展させる。
3) 多段階評価研究デザイン(multistage evaluation design):特定の状況で実施されるプログラムや活動の成功を長期間にわたり評価するために調査を行うことである。

混合研究法は,どちらかと言うと大規模で複雑な研究プロジェクトが想定され,その中で発展してきたという歴史をもっている。臨床心理学的実践の現場

をフィールドとした研究に，混合研究法の考え方や具体的な研究法がどのように利用できるかは，今後の課題であると思われる。

註 ●●●●●

* 1　以降の概説については，以下の文献を参考にされたい。
　　斎藤清二（2009）実践と研究──質的研究と量的研究　村瀬嘉代子・岸本寛史（編）『対人援助の技とこころ──心理療法再入門』　金剛出版　pp.29-34.

* 2　臨床心理学における研究法についての網羅的な書籍は多数出版されている。個々の研究法についての書籍も多い。初学者のために有益な書籍として以下を推薦しておく。
　　福島哲夫（2016）『臨床現場で役立つ質的研究法──臨床心理学の卒論・修論から投稿論文まで』　新曜社

* 3　川喜田二郎（1967）『発想法──創造性開発のために』　中央公論社

* 4　グラウンデッド・セオリー・アプローチ（GTA）は，質的研究法の中でも最も有名な方法であり，実践研究に用いられる頻度も高い。もともとはグレイザー（Glaser, B. G.）とストラウス（Strauss, A. L.）によって開発された社会学における研究法である。木下によれば，グレイザーとストラウスが，研究法の理念をめぐって対立したために，GTAには少なくとも4つの異なった方法（①グレイザーとストラウスによるオリジナル版，②グレイザー版，③ストラウス－コービン版，④木下によって提唱された修正版グラウンデッドセオリー・アプローチ：M-GTA）があるとされる。さらに近年シャーマズ（Charmaz, K.）による構成主義的なGTAが報告されている。本邦においては，木下によるM-GTA法と，才木クレイグヒルによって紹介されたストラウス－コービン版に基づく方法が主に行われている。以下の書籍はGTAの歴史を知ることについても有用である。
　　木下康仁（1999）『グラウンデッド・セオリー・アプローチ──質的実証研究の再生』　弘文堂
　　また，各々のGTAの方法論について具体的に知りたい人には，以下が推奨される。
　　木下康仁（2003）『グラウンデッド・セオリー・アプローチの実践──質的研究への誘い』　弘文堂
　　才木クレイグヒル滋子（2006）『グラウンデッド・セオリー・アプローチ──理論を生み出すまで』　新曜社

* 5　質的研究法としてのナラティブ分析は，単一の方法ではなく，複数の異なる研究法の集合体である。リースマン（Riessman, C.）は，「ナラティブ分析とは，通常，物語られた形式を持つテクストを解釈するための方法の集まり」であると述べ，人間科学の

ための代表的なナラティブ分析法を，テーマ分析，構造分析，対話／パフォーマンス分析，ヴィジュアル分析の4つのタイプに分けている。グリーンハル（Greenhalgh, T.）は，医療・健康領域において行われているナラティブを用いた研究法として，物語面接，自然主義的物語収集，談話分析，組織事例研究，アクション・リサーチ，メタ物語的系統レビューをその例として示している。以下の書籍を参照のこと。

Riessman, C. K.（2008）*Narrative methods for human sciences*. Sage Publications.（大久保功子・宮坂道夫（監訳）（2014）『人間科学のためのナラティヴ研究法』 クオリティケア）

Greenhalgh, T.（2006）*What seems to be the trouble?: Stories in illness and healthcare*. Oxford; Seattle: Radcliffe.（斎藤清二（訳）（2008）『グリーンハル教授の物語医療学講座』 三輪書店）

＊6　ライフストーリー研究とは，「日常生活で人々がライフ（人生，生活，生）を生きていく過程，その経験プロセスを物語る行為と語られた物語についての研究」とされる。やまだは生涯発達心理学の視点から，「私たちは，実際の行動や出来事をそのまま記憶として保持しているわけではなく，一瞬ごとに変化する日々の行動を構成し，秩序づけ，経験として組織し，それを意味づけることによって物語を生成しているのである」と述べている。ライフストーリー研究は広い意味でのナラティブ研究の一形態であるが，上記のように個別のユニークな生に焦点を当てる。具体的な分析法については，ナラティブ分析と重なる点が多い。以下の書籍を参照のこと。

やまだようこ（2004）『人生を物語る――生成のライフストーリー』 ミネルヴァ書房
より社会学的な視点からのライフストーリー研究法についての論説は，以下を参照のこと。
桜井　厚（2012）『ライフストーリー論』 弘文堂

＊7　臨床心理学における事例研究法の意義についての議論は，以下の書籍を参照されたい。
斎藤清二（2013）『事例研究というパラダイム』 岩崎学術出版社

＊8　Stake, R. E.（2000）Case studies. In N. K. Denzin & Y. S. Lincoln（Eds.）, *Handbook of qualitative research*（2nd ed）. Sage Publication.（平山満義（監訳）（2006）事例研究『質的研究ハンドブック第2巻――質的研究の設計と戦略』 北大路書房 pp.101-120.）

＊9　河合隼雄（1992）『心理療法序説』 岩波書店　p.278.

＊10　混合研究法については，近年，包括的なものから，コンパクトなものまで，複数の有用な書籍が発行されているので，以下を参照されたい。
抱井尚子（2015）『混合研究法入門――質と量による統合のアート』 医学書院
Creswell, J. W.（2013）*A concise introduction to mixed methods research*. Sage Publications Inc.（抱井尚子（訳）（2017）『早わかり混合研究法』 ナカニシヤ出版）

第 7 章　臨床心理学と研究

　　　Teddlie, C., & Tashakkori, A.（2009）*Foundations of mixed methods research: Integrating quantitative and qualitative approaches in the social and behavioral Sciences*. Sage Publicaitons. Inc.（土屋　敦・八田太一・藤田みさお（監訳）（2017）『混合研究法の基礎——社会・行動科学の量的・質的アプローチの統合』　西村書店）
　　日本混合研究法学会（監修）（2016）『混合研究法への誘い』　遠見書房

*11　Creswell, J. W.（2013）*A concise introduction to mixed methods research*. Sage Publications Inc.（抱井尚子（訳）（2017）『早わかり混合研究法』　ナカニシヤ出版）

*12　クーンのパラダイム論と共訳不可能性については，本書第 2 章（23-24 頁）を参照のこと。

*13　テッドリーとタシャコリは，実証主義とポスト実証主義を以下のように説明している。
　　実証主義：社会調査には科学的手法を用いるべきである。それは近代の自然科学者の研究に例示されるような手法であり，定量的データを用いて仮説を厳密に検証することによって成り立つ。
　　ポスト実証主義：研究の重点は量的手法に置くが，研究者の価値体系が研究の実施方法やデータの解釈に重要な役割を果たすことを認める。
　　以下の文献を参照のこと。
　　Teddlie, C., & Tashakkori, A.（2009）*Foundations of mixed methods research: Integrating quantitative and qualitative approaches in the social and behavioral Sciences*. Sage Publicaitons. Inc.（土屋　敦・八田太一・藤田みさお（監訳）（2017）『混合研究法の基礎——社会・行動科学の量的・質的アプローチの統合』　西村書店　p.4）

*14　テッドリーとタシャコリは，質的手法とは，最も簡潔かつ端的にいえば，ナラティブ・データの収集，分析，解釈，提示に関する技法と定義してよいと主張しており，質的オリエンテーションをもつ研究者は構成主義（constructivism）とそのバリエーションとしている世界観に賛同しており，研究者は調査をしながら個人的かつ集団的に事象の意味を構築しているとする。＊13 にて前掲書の pp.4-5 を参照のこと。

*15　テッドリーとタシャコリは，プラグマティズムを脱構築主義的なパラダイムと定義し，以下のように述べている。
　　　「脱構築主義的な」パラダイムでは，「真理」や「事実」といった概念はその地位を失い，代わりに，調査中のリサーチ・クエスチョンにとって真実である「何が有効か？」という点に焦点が絞られる。プラグマティズムは，パラダイム論争に関する二者択一の選択を否定し，研究に混合研究法を使うように提唱し，研究者の価値観が結果の解釈に大きな役割を担うことを認めるものである。
　　　　＊13 にて前掲書の p.6 を参照のこと。

補論7

青年期慢性疼痛の単一事例質的研究

●はじめに

　本文で述べたように，臨床心理学における質的研究と事例研究の意義については，近年多彩な議論が展開されている。本補論では，原因不明の慢性疼痛に苦しむ思春期男子の回復経過を質的研究の方法論を用いて描き出すことによって，「青年期の慢性疼痛はどのように回復していくのか？」という研究疑問に基づく仮説生成的な事例研究の一例を提示する。[*1]

●事例の概要

　E君は来談時18歳の男子大学生。高校3年生の春，肛門に違和感を覚えたE君は，外科クリニックを受診し，「内痔核」と診断され手術を受けた。手術後しばらくたった秋のある日，自転車に乗っていたE君は，肛門に強い痛みを感じ，その後痛みは和らぐことなく続いた。再度受診したクリニックの医師は，E君に「手術後の局所には何の異常もない。痛みは受験のストレスによる精神的なものだろう」と告げた。痛みが続き，気分的にもすっかり落ち込んだE君は，受験勉強に集中することが全くできなかった。いくつかの医療機関を受診したが，どこでも異常はないと言われ，精神科クリニックから投与された抗うつ薬も全く無効だった。受験勉強が思うようにできないという不本意な思いを抱きながらも，E君は大学に進学し，翌年の4月から一人暮らしを始めることになった。

　大学の相談室に訪れたE君は，筆者にこう語った。

　「受験の時十分に勉強できなかったので，大学では勉強したいと思っている。将来，よりレベルの高い大学に編入したい。将来は，海外留学したい。しかし，痛みがあるので勉強に集中できない。痛み以外の体調は問題はない。この痛みが治らないのではないかと不安だ。痛みが気になって運動もできない」

　筆者は，1週間に1回，50分間の心理療法的面接を行うことにした。その後，E君

は一時期，うつ気分が強くなり，手首自傷を行うなどの危機的状況も経験したが，最終的には，痛みは完全には消失しないものの，大きく改善し，大学生活を楽しみながら過ごせる状態にまで回復し，約1年半後に治療を終結した。総面接回数は23回であった。

● E君の語りの質的分析

以下では，E君の語りの記録をテクストデータとして用い，質的な分析を行うことによって，E君がたどった回復のプロセスを，「語りの変容」という観点から構造仮説として理論化することを試みる。面接には録音機器は一切用いられなかったため，毎回の面接終了直後に，筆者が記憶に従って書き起こした面接記録をデータとして用いた[*2]。質的分析法としては，木下が開発した修正版グラウンデッド・セオリー・アプローチ法（M-GTA）を用いた[*3]。簡単に記載すると，面接記録のテクストデータから直接暫定的な概念生成を行い，個々の概念についてのワークシートを作成した。次に概念と，面接データを連続比較することによって，概念を精緻化し，17個の概念を作成した。次いで各概念間の関係を検討し，6つのカテゴリー，「難問(アポリア)としての痛み」「未完の発達課題」「メタファーとしての死」「意味の探求と創成」「共生可能なものとしての痛み」「日々是好日」を生成し，カテゴリーと概念間の関係を図式化したものを，生成されたグラウンデッド・セオリーとして図7-2に示した。次の結果と考察では，E君の語りの例示は太字（文末に「#」付き）で示され，作成された概念とカテゴリーは下線で示されている。E君との対話における筆者の発言は〈　〉で示した。なお，本書では字数の関係で，一部概念の説明を省略してある。

●結果と考察

(1) 難問(アポリア)としての痛み

慢性に続き，治る見込みのない痛みは，E君にとってまさに，絶対に解くことのできない難問（アポリア）である。この痛みの原因はなんであるのか，どうしていつまでも治らないのか，そして，なぜ彼がこのような苦しみを担わなければならないのか，という疑問に対しての納得のいく説明はどこからも得られない。（「説明不能なものとしての痛み」）。初期の面接で，E君は以下のように述べている。

> 1年前に肛門痛にてC市のクリニックで手術を受けた。この時は出血があったわけでもなく，痛みもとても強いというわけではなかったが，受験の時にひどくなるといやだと思って，手術を受けた。その後9月

頃から肛門痛が再発し，何箇所かの医療機関を受診して，異常なしと言われた。受験のストレスだとも言われて，精神科を勧められ，うつだと言われて薬をもらったりしたが，良くならなかった。(♯1)

　何とかしたいとあせる中から，E君は納得のできる医学的な説明を探そうとする。しかしそのどれも，E君を納得させるものではない。そのような試みの例は，筆者との面接においても何度か語られた。

　こんなに痛みが治らないというのは，手術のミスということはないのですか？　この痛みのことを話した友人が大学に2人いて，その1人がそう言った。(♯13)

　さらに，E君を悩ませたのは，痛みを自分でコントロールすることがとても難しいということである(「対処不能なものとしての痛み」)。

　じっと座っているのが辛い。立ったり，歩いたりすると少しましになる。午後になると，しだいに痛くなり，夜は辛いことが多い。3日前にひどく痛んだが，そういう時は寝てしまうしかない。(♯2)

　痛みを言葉で表現すると，歯医者で，神経に触れたような痛みがずーっと続くという感じ。ひどい時は，歯茎に注射されるような痛みで，そういう時は耐えられず，寝るしかないという感じになる。(♯4)

　痛みについての語りのもう1つの特徴は，痛みがあるために，日常生活で意味のあることが何もできなくなってしまうということである(「痛みのために何もできない」)。これは，痛みさえなければなんでもできるのだが，という気持ちと表裏一体のものである。

　自分では，受験勉強をもう一度ちゃんとやらなければいけないという気持ちがある。受験の時期というのは，人生のうちでも大切な時期なのに，そこを全力投球できないまま1年過ごしてしまった。しかし，再受験を目指すなら，長時間勉強しなければならない。でも肛門が痛いのでそれはできない。そう考えると悪循環になってしまう。(♯7)

痛みが解決される見込みのない難題である，ということが意識化されるにつれて，それは絶望感へとつながり，さらに，出口なしの苦しみ，希死念慮にさえつながっていく。面接が回を重ねるにつれて，E君はしばしば，苦悩の感情をあからさまに表現するようになっていく。

> 肛門が痛みに過敏になっているのは，自分でもそう思うが，こんなに過敏になったものが，果たして元に戻るだろうか？〈安請け合いはできないが，私の経験からいうと，きっと良くなると思う〉…（泣き出す）。〈今の気持ちは？〉。痛いし，辛い。そんな自分が惨めだ。…〈この１年辛いところをよくがんばってきたと思う〉…（泣く）。（＃7）

(2) 未完の発達課題

E君との面接の初期，話題はそのほとんどが肛門の痛みについてのものであった。しかし，一方で，E君は，「中学時代の夢を見た」ことをきっかけに，中学〜高校時代の体験を語り始める。

> 最近中学時代の夢をよく見る。中学２年，３年の頃の放課後のシーン。その頃は反抗期で，先生からも目を付けられていたり，親からは，勉強しろと言われて，ゲームを禁止されていたりして，制限も多かったが，喜びもあった。特に下校の時が楽しくて，いつも４人のユニークな友人たちと一緒に，リンゴ畑を通って帰った。リンゴをとって食べたりした。その頃が一番充実していた。（＃6）

さらにE君は，高校受験前後の体験を以下のように述べている。

> 高校受験の時，友人たちが進学した第１志望の高校ではなく，直前に変更して第２志望の高校へ進学した。かなり長期間，何でこの高校にいるんだろう，と思っていた。入試の成績が良かったので，つい安心してしまい，あまり勉強しなかった。高校２年の時，父親に不満をぶつけたことがある。この頃から本気で勉強しようと思った。しかし，その後，肛門痛が出現した。（＃10）

中学生時代は，E君にとって輝ける時代だった。高校への不本意入学に端を発する挫折体験は，E君にとって，「楽園の喪失」を意味していたと想像される。そして，この

喪失によってもたらされた「生活の無意味さ」において「失われた意味の奪還」を目指すことが，E君が未だ成し遂げていない「未完の発達課題」となっていたものと思われる。痛みと，自分にとっての課題の関係について，E君は以下のように述べている。

> 高校1年や中学時代の思い出を忘れてしまいたいと思っている。痛みが消えれば，すっきりと忘れることができる（あるいは思い出せる）のではないかという気がしている。痛みが消えれば，将来に向かって独り立ちして前向きになれるような気がする。（#6）

(3) メタファーとしての死

第9回目の面接頃から，E君は「出口なし」の苦しみをより強く語るようになる。さらに，第10回面接時には，初めて「希死念慮＝死の呼び声」を語る。この後E君はこのような希死念慮を繰り返し語るようになり，同時に，何もかもを投げ出してしまいたいという「降参（サレンダー）」の気持ちが強くなっていく。

> 痛みはあまり変わらないのだが，むしろ精神的にまいってきて，昨日は8時半に何もしないで寝てしまった。ここ，2週間は痛みも何とか我慢できるし，毎日受験英語を勉強してきたのに，どうなってしまったんだろうかと自分でも思った。編入を目指すことについて，初めて気持ちが萎えたと感じた。痛みについていつも精神的エネルギーを使ってきたので，疲れて限界に来たのだと思う。しかし，休んでも，それでどうなるのだろうという気持ちもある。（#9）

E君の苦悩は，第12回目の面接でその頂点に達し，このセッションは極めて重い雰囲気の対話となった。

> 痛みは一番ひどい時に比べれば多少ましなのだろうが，精神的な辛さは一番ひどい。以前から，死にたいと思うことは何回もあったが，そういう気持ちが今とても強い。夜など，ふらりと出かけることが多くなった。どうなっても良いという気持ちだった。高校の時は，原因はなんであれ，とにかく痛みをとってほしいと思っていた。しかし，今も痛みはとれず，良くなる時がわかるのなら我慢できるが，この痛み，苦しみを一生背負っていかなくてはならないと思うと，もううんざりだ（泣く）。（#12）

その後 E 君は夏休みを実家で過ごし，2 か月ぶりの面接では笑顔も多くなり，何かが変わったと筆者には感じられた。E 君は以下のように，夏休み中の体験を語ってくれた。その語りは，夢の中での死の体験と，手首自傷という行動化であった（「夢の中での死と行動化」）。

　　夏休み中に変わった夢を見た。
　　【夢1】学校のようなところに，小学3，4年生の時の生徒の父兄が大勢集まっている。僕がその部屋に入っていくと，部屋の中にピストルが置いてある。僕はそのピストルを手にとる。すると周りの人たちが騒ぎだす。僕は銃を空中に向けて発砲する。最初は空砲だったが，あと2発ほど撃つと，実弾が出ることを僕は知っている。そこへ，小学校の時の担任（男性）が入ってきて，僕に向かって銃を発射する。僕は右の下腹部を撃たれて，激痛を感じるが恐怖感はなく，「これでやっと死ねる」と思う。

　　8月の末に，気分が落ち込んで，楽になりたいと思って，包丁で手首を切った。傷に絆創膏を貼っておいたら，両親にわかったらしく，父がやってきて，「痔の手術を勧めたのは，親が悪かった。申し訳ない。必ず治るからがんばってほしい」と言って謝った。親に自分の苦しみをわかってもらえたと感じた。その後，ここまでのことをしたのだから，死のうと思えばいつでも死ねる。今のところは，生きていてやるが，その気になったら死ねば良い，というような気分でいる。(♯14)

(4) 意味の探求と創成
　12回目の面接で出口なしの苦しみを語った後，E 君の語りは，失われたものの奪還から，新しい意味の探求へとシフトしていった。既に第13回目の面接にその萌芽が見て取れる。その後，E 君は，意味のある人生を生きたいという強い熱望を継続して語るようになる。

　　〈この半年を振り返ってどう思うか？〉。何も意味のあることはしてこなかったという思いが強い。〈でも辛さに耐えてよくがんばってきたと自分をほめてもよいのでは？〉自分をほめるというよりも，この1年間耐えてこれたということが自分でも信じられない。〈何があった

ので耐えたと思うか？〉。今のような生きているか死んでいるかわからない状態はいやで，なんとか抜け出して，意味のある人生を生きたいという，悪あがきだと思う。（♯13）

　一方で，E君は痛みとの対話を試み，「痛みとの交感」を行うようになる。専門家からの説明物語を求めて彷徨うのではなく，自分自身にとってのユニークな痛みの意味を探ろうとする試みが語られていく。

　　最近，自分の痛みに話しかけるようにしている。〈それはおもしろい〉。痛みに対して，「僕はもう十分にいろいろな体験をしたから，もう出て行ってくれないか？」と話しかける。すると痛みは「わかった，出て行くよ」と答える時も，「いいや，出て行かない」と答えることもある。〈君は僕に何が言いたいのか？　と問いかけるとなんと答えるだろう？〉。「人間的成長のために試練を与えているのだ」と言うと思う。（♯16）

　　イメージとしては，自分が戦国時代の武将で，一兵卒をたくさん率いているのだが，一兵卒が，例えば病院の治療だったり，諸々の治す手段だったり，という感じ。結局は武将が痛みと戦うしかないのだが，兵団を引き連れていないと，一人では無理という感じ。過敏になっているという痛みの神経のイメージは，油滴の浮いた液体が高速で流れているという感じや，ブルーベリーくらいの果実がはじけて，果汁が飛び散って，それが痛み止めのような感じで，一時的に痛みを和らげる。しかし，玉は小さいので，効果は一時的である。（♯17）

　　最近は，落ち込む時は，「痛みに『たましい』を奪われそうになっている」と思っている。「たましい」とは，夢や勇気や前向きのエネルギーを与えてくれるもの，という意味。自分にとっては，狭い意味の夢は外国で暮らしたいということだが，広い意味での夢は，狭い意味の夢に向かって努力することそのもの。（♯18）

　さらにE君は，他者との関係における，「共苦の獲得（コンパッション）」についても語るようになり，それまで自分に共感性が欠けていたことを洞察するようになった。

> 1つだけわかったというか，考えが変わったことがある。中学の時，友人のお姉さんが19歳で事故で死んで，それ以来，死にたいとかいうやつが絶対に許せなかった。しかし，今回の体験をして，本当に苦しい時には，人間は死にたいと思うようになるものだということがわかった。（♯13）

> 小学以来の友人が，アトピーの治療のために皮膚科を受診するということで，数日泊まっていった。10年来の友人であるが，アトピーで苦しんでいたとはちっとも知らなかった。自分では，受験の頃，こんなことで苦しんでいるのは自分一人だと思っていたし，その頃の自分はやはり外から見れば，ひどく弱っているようには見えなかったのだろうと思えた。正直言って，こういうことがわかったということは，自分が一歩良い方に進んでいるような感じがする。（♯19）

この頃になると，痛みと悩みは，E君の中でははっきりと別のものとして区別されるようになる。「痛みと悩みの分離」が明確になされることによって，「痛みはあるが，それなりにやっていく」ことが可能になっていく。

> 今年1年を振り返ると，あっという間だった。受験と痛みで苦しんでいたのが1年前だとは思えない。結局痛みは解決していないが，まあ良しとしようという気持ちである。（♯20）

(5) 共生可能なものとしての痛み

「対処不能」であり，「説明不能」であった，「難問としての痛み」は，「自分なりの対処が可能になり」，「自分自身のユニークな説明」が可能になることによって，もはや「難問」ではなくなっていく（「対処可能なものとしての痛み」「説明可能なものとしての痛み」）。

> 痛みはあまり変わらないが，家で勉強する時に，一時的に痛みを軽減する座り方ができるようになった。それは，女性が座るようないわゆる「ぺちゃんこ座り」というもので，尻に座布団を入れて座っていると，足が適度に痛くなり，それが尻の痛みを軽減してくれる。一時的なものであるが，これで，少しでも対処できると思ったら，少し気分が明るくなった。（♯15）

(6) 日々是好日

　E君は，面接開始後約1年を経て，痛みはあるものの，それと共存しつつ，日常生活を楽しむことができるようになっていった。そして，約半年間，来室が途絶えた後，最終回の第23回面接時においてE君は以下のように語り，治療は終結した。

> 痛みはあると言えばあるのだが，あまり気にしないようにしている。今日は集中講義で，一日中木の椅子に座っていたので少し辛いが，とにかく休むことなく受けることができるようになった。授業は時々はサボることもあるが，一応ちゃんと受けているし，大学生活そのものは楽しんでいる。編入学のための受験勉強は全くしていないし，このままこの大学でやっていこうと思っている。高校生の時，受験に全力投球できなかったことを取り返したいという気持ちが強かったが，それもだんだん薄れてきた。就職の不安とか，いろいろなことで気持ちが揺れるが，大学生活が楽しいので，どうしようかと思いつつなんとかやれていると思う。現在は全ての治療を中止している。勝手かもしれないが，また何かあれば相談に来るということにしたい。(#23)

● まとめ

　慢性疼痛に苦しむクライエントであるE君との心理療法経過について，M-GTA法を用いた質的な分析を行うことにより，慢性疼痛の回復プロセスについての1つのグラウンデッド・セオリー（データに密着した理論）を構築した。そのセオリーは図7-2に示すようなスキーマで表現しうる動的な構造である。

　再度それを，ストーリーラインとして述べてみる。クライエントは，最初，「未完の発達課題」と「難問としての痛み」の間での悪循環に取り込まれている。この状況から，クライエントは好むと好まざるにかかわらず，「メタファーとしての死」と再生のプロセスへと導かれる。そして，メタファーとしての死が完遂されると，そこに新しい説明（意味）が浮上し，「意味の探求と創成」のプロセスが開花する。そして新たな意味の創成と発達課題の完遂に伴って，難問であった痛みは「共生可能なものとしての痛み」へと変容し，クライエントはそれなりの日常（「日々是好日」）を最終的に獲得することになる。

　上記のプロセスを，フランク（Frank, A. W.）の病いの語りのモデル（1995）[*4]と対比すると，「奪還／悲劇の物語」から「混沌の物語」を経て，「探求の物語」へと，物語自身が変容していく過程として描写することが可能であると思われる。

補論7　青年期慢性疼痛の単一事例質的研究

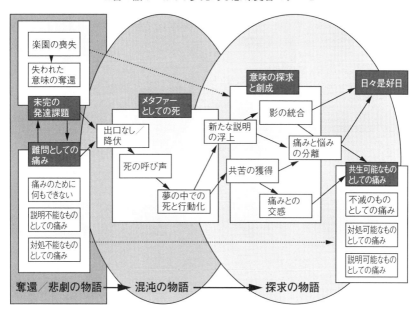

図 7-2　慢性疼痛の回復プロセス

註 ●●●●●

＊1　ここで提示されている事例の分析の詳細については，以下を参照されたい。
　　斎藤清二（2005）慢性疼痛——痛みは語りうるのか？『臨床心理学』 5（4）：456-464.

＊2　このような記録法によるデータ収集の意味と問題点については，岸本が詳細な議論を行っている。以下を参照のこと。
　　岸本寛史（2003）対話分析, 個々の対話に焦点を当てる　斎藤清二・岸本寛史（編）『ナラティブ・ベイスト・メディスンの実践』　金剛出版　pp.93-104.

＊3　GTA は元来，複数事例の参与観察やインタビューデータを用いて，データに密着した分析から，実践への応用性の高い理論を生成することを目的とする。1 事例の分

析にGTAを応用することは，GTAの原法では想定されていない。しかし，M-GTAでは「方法論的限定」という考え方が採用されており，1事例に分析の範囲を限定した研究にM-GTAを応用することには妥当性があると筆者は考える。M-GTAの理論と実際については，以下を参照。
木下康仁（1999）『グラウンデッド・セオリー・アプローチ──質的実証研究の再生』弘文堂
木下康仁（2003）『グラウンデッド・セオリー・アプローチの実践』弘文堂

＊ 4 Frank, A. W.（1995）*The wounded storyteller: Body, illness, and ethics*. Chicago: The University of Chicago Press.（鈴木智之（訳）（2002）『傷ついた物語の語り手──身体・病い・倫理』ゆみる出版）

第8章

臨床倫理と多職種協働

　倫理（ethics）とは，一般に「人間の行動を支配する，あるいは行為を導く道徳的な規範」と定義されている。言葉を変えれば，倫理とは，「善い行為とは何か？」を問うことと，「善い行為」を選択すること，そして「善い行為」を行うことである。臨床心理学的実践は「苦しむ他者を支援すること」を最大の目的とするので，「目の前の苦しむ他者のために最も善い行為とは何か？」という判断を常に要求される。このような視点からの倫理は，医学領域において発展してきた生命倫理や臨床倫理と強い共通性をもっている。しかし，最近まで，臨床心理学における倫理は，職業規範，専門職規範の域に留まるものであり，臨床実践における倫理的問題や葛藤を解決したり，倫理的行為をどのように選択するのかという議論はほとんどなされてこなかった。本章では，臨床心理学的実践における倫理について，医学領域における臨床倫理の近年の発展を参照枠としつつ論じたい。

1．臨床実践における倫理的問題

　臨床実践において「クライエントのために善いことを為そうとする」過程においては，さまざまな矛盾や葛藤が生じてくる。例を挙げてみよう。ある心理的支援の現場において，支援者（セラピスト）が「1週間に1回，予約制で，1回50分の面接を行う」という約束を心理面接開始時に行ったとする。しか

し，クライエントは苦しさのために1週間待つことができず，セラピストの所属機関に電話をかけ「死にたくなるほど苦しいので，面接の予約を早めてほしい」と希望した。セラピストはクライエントの要望を尊重して面接の予約を変更すべきだろうか，それとも最初に行った契約を重視して，変更を断るべきだろうか。あるいは，「自殺を考えるほど重症な人は，私では対応しかねるので，他の専門機関で相談してください」と言うべきだろうか。

　ある学派の考え方によれば，クライエントの要求に対して安易に予定を変更することは，治療上好ましくないとされている。しかし，その結果もしクライエントが自殺してしまったら，クライエントに対するセラピストの責任はどうなるのだろうか。あるいは，クライエントがそのセラピストにあいそをつかして他の相談機関に変わった場合，最悪の結果は免れるだろうが，セラピストはそのクライエントに対して倫理的責任を果たしたと言えるのだろうか。

　上記のようなケースは，臨床心理学的実践においては日常茶飯事に起こることであり，個々のケースの状況を的確にアセスメントし，その状況における最善の対応行動をとることは，セラピストの技量の一部であると考えられている。しかし，このようなセラピストに求められる判断や対応は，別の視点から見れば，セラピストの判断によってクライエントは恩恵を受けたり，害を被ったり，自主性を尊重されたり，されなかったりすることを意味している。1つの判断が常に正しいということは有り得ない。このように臨床心理学的実践とは常に個別の倫理的な判断（「この状況」において「このクライエントに対して」何をすることが「最善」であるかの判断）を行うことであり，それ自体が倫理的な実践なのである。

　セラピストが倫理的判断を求められるのは，クライエントとの間のことだけではない。セラピストは社会の中で働いているので，同僚や協力者などとの関係においても倫理的な判断は常に必要とされる。例えば，支援者がスクールカウンセラーでクライエントが生徒である場合を考えてみよう。クライエントがあまりにも苦しい状況にいるので，それを心配した家族が，学校の教職員に電話で状況を問い合わせてきたとする。教職員あるいはその上司から，「問題の生徒の状況はどうなっているのか教えてほしい」とセラピストが尋ねられた場合，セラピストはどの範囲までクライエントと共有している情報を教職員に知

らせるべきなのだろうか。個人情報の保護，クライエントとの信頼関係を重視して，関係者への情報提供を拒否すべきなのだろうか。それとも事態の緊急性の前には，そのようなことは考慮せずに，関係者にこれまでの経過やセラピストの見立てを全て話してしまうべきなのだろうか。

　このような問題も現実には非常に頻繁に起こっている。これまでのところ，臨床心理学の専門職倫理では，セラピストが知り得たクライエントの情報を他者に漏らしてはならないという秘密保持の原則が最優先といってもよいほど重視されてきた。時にこの原則は，クライエントの支援のために連携している他の職種の倫理原則とは一致しないことがある。その結果，心理専門職が他の専門職からの信頼を失ってしまい，協働することが非常に難しくなる可能性もある。この場合，心理職のほうからは，他の専門職が「守秘の原則」を理解していないように見えるが，他の職種から見れば「危機管理の原則」に照らし合わせて，必要な情報共有をしない心理職のほうが倫理違反をしているように見えてしまう。

　このように複数の職種が連携して1人のクライエントのために働こうとする時に，各々の職種の倫理的判断上の衝突が起こる。そのような倫理的問題をできる限り有効に解決するために，こういった状況を単なる意見対立とか見解の相違と見なすのではなく，多職種協働における倫理的なコンフリクトが生じていると見なし，その最も有効な解決を目指すという発想が必要となる。

　ここで，再度確認しておきたいことは，臨床における倫理とは，実践において最善の行動とは何かを判断することだということである。臨床の実践は，単純な線形因果論的な関係からなるのではなく，複雑で多要因的なプロセスの絡まり合いである。そのような複雑なプロセスの中で，多数のレベルの異なる情報（原則や規則や経験則などのノウハウや現場の状況や個人要因など）を総合して何らかの判断を行うということは，臨床実践そのものと言ってよい。したがって倫理判断とは臨床判断の一種であり，それは診断やアセスメントや治療法の選択と構造的には大きな相違はないということになる。

　以下に，臨床倫理の3つの方法論，原則論，手順論（決疑論）[*1]，物語倫理について順に述べていく。臨床倫理の古典的な方法論である原則論（principle based ethics：原則に基づく倫理）は，判断のための参照基準として限られた

数の原則を整備し、手順論は一定の手続きをとって判断していこうという方法論である。それに対して第三の方法である物語倫理は、現象の複雑性と多元性を認め、その中で何らかの判断を浮かび上がらせるための基盤となる関係性に焦点を当て、その中で物語の働きを重視する倫理の方法論である。

2．原則論

　原則（principle）とは、各種の倫理の理論や倫理規則に共通して認められるものである。規則（rule）は、「廊下を走ってはいけない」といった具体的な事項を含む規範であり、原則とは複数の規則において共有される抽象的な規範であり、「〜でなければならない」「〜すべきである」といった文章表現となる。臨床倫理における原則には米国型と欧州型があるが[*1]、ここでは、最も有名な米国のビーチャムとチルドレス（Beauchamp, T. .L & Childress, J. .F）が提案した生命倫理（Bioethics）の四原則[*2]を紹介する。

　　1）自律尊重（respect for autonomy）
　　　ほぼ、自己決定権の尊重と同義である。つまりクライエント（患者）が自分の意志のもとに考えて自己決定したものは、最大限に尊重しなければならないという原則である。至極当然のように思われるが、この原則が医療の分野で確立したのは、医師による患者への人権侵害への強い反省に基づくもので、比較的新しい原則である。一方で、特に日本の医療においては、患者が必ず自己決定を望んでいるとは限らないという指摘もある。「治療者におまかせしたい」というような一見自律的行為選択を放棄しているように見える場合でも、「相手にまかせる」という自己決定をしていると理解することは可能であり、原則の適用にも柔軟性が求められることになる。

2）無危害（non-maleficence）

ヒポクラテスの誓いにもみられる伝統的な倫理原則である。医療の場合，この原則の重要性は非常に高いと考えられるが，しばしば等閑視されてしまうこともある。心理学的に言うと，自分の行為が患者やクライエントに害を与えている（極端な場合はセラピストが患者の病いをつくり出している），ということを認めることは誰にとっても難しい。合理化や否認の防衛機制が働きやすいわけである。ここでも「何をもって危害と判断するのか」という点で，見解の食い違いが生じる可能性は常にある。

3）恩恵（beneficence）

医療において，「患者の健康を増進すること」「患者の寿命を延ばすこと」が恩恵であると単純に考えられていた時代は長かった。しかし，近年，価値観の多様化が進み，何をもって恩恵とするかについての多様な見解があり得ることが認識されるようになった。無危害原則と恩恵原則は，医療においては多くの場合トレードオフ関係になる。その判断が難しい場合，医師は伝統的に無危害原則を優先する傾向がある。

4）正義（justice）

ここでいう正義とは，日本語訳としては，公正，公平という概念が当てはまる。つまり，資源は有限であるので，特定の人にのみ配分が多くなり，一部の人のアクセスが不公平に阻害されるべきではないという考え方である。その中で，資源配分が納得のいく形で行われ，決め方が公開され透明性が確保されるということが重要な要素となる。

上記の生命倫理の4原則は，歴史的背景として，医療現場において患者の人権がしばしば守られてこなかったことに対する痛烈な反省から生じてきたものである。その反映として，4つの原則に通底しているものは，専門家の資質や態度についての規定というよりは，患者の視点から見て，専門家から害を被ることがないことを保証される権利が強調されている。この点で，これまでの専

門職倫理とは一線を画している。

　これらの原則は確かに臨床における広範な倫理的問題を網羅している。具体的な規則やガイドラインの策定にも応用しやすいし，さらにそれを実際の判断や行動においても応用することができる。これらの流れは，共有可能な原則の策定に始まり，規則レベル，実際の判断レベルへと演繹的に応用されていくモデルである。

　しかし，現実に，現場で倫理的な問題が起こった時に，原則に従って判断しようとすると，これらの原則のうちの複数がその事例においては矛盾・対立してしまうことが頻繁に体験される。例えば，「あなたにだけは話しますが，これから自殺しようと思います。誰にも言わないでください」と言うクライエントに対して，セラピストはどのように行動選択したらよいのだろうか。守秘義務を守り誰にも伝えないことは，自律尊重の原則には矛盾しないが，最終的に自殺を実行されてしまったならば，それは恩恵原則には反するのではないだろうか。またクライエントの自殺の実行を阻止するために何らかの行動を起こしたとしたら，それはこのクライエントに対して危害を加えることにはならないのか。そもそもこのクライエントにとっての恩恵や危害とは何を意味するのだろうか。こういった，複雑なコンフリクトが倫理的判断の過程には頻発する。したがって，原則をただ列記するだけでは，臨床現場においての有用性は限定的なものとなる。そこで，実際にどのように倫理的判断を行うかの方法論に着目しているのが，以下に説明する手順論（procedure-based approach）である。

3．手順論，臨床決疑論

　上述のような，臨床倫理原則を実際の個別の倫理的問題にどのように応用するかという問題に応えようとする方法論が「手順に基づくアプローチ」である。既に述べてきたように，臨床における倫理が扱う問題は，具体的には個別事例において現れる。臨床倫理とは，個別の事例において，どのように一般原

則を適切に利用するかという問題であり，ここには，臨床のもつ不確実性，複雑性という避けがたい特徴が現れてくる。ここで基礎となる考え方は臨床決疑論（clinical casuistry）と呼ばれる。決疑論とは，「困難で状況依存的な単一事例を一般的な規則と調和させる」ことを目的とする哲学的方法である。これは，神学や法律の分野において行われている方法と共通性をもっており，「一般に受け入れられている複数の原則からなるシステムに特定の事例を信頼できる形で関係づけようとする中で，その事例とそれを取り巻く全ての特殊な状況を比較分析すること」と定義される[*3]。

　ジョンセン（Jonsen, A. R.）らは，医療の現場において倫理判断についての問題を抱える具体的な事例を検討するツールとしての4分割シート[*4]を提案した。具体的には，ある特定の事例について，以下の4つの観点についてできる限り多数の情報を収集することから検討を始める。

　　1）医学的適応（medical indications）
　　2）患者の意向（patient preferences）
　　3）QOL（quality of life）
　　4）周囲の状況（contextual features）

　これらの複数の次元の異なる情報をできる限り詳細に収集し，4分割表に書き込んでいく。さらにそれぞれの情報について，もし判断のために役立つさらに集めるべき情報があればそれを収集し，最適な意志決定をチームで行うということになる。

　上記のような手順論による倫理的検討は多くの場合多職種によって構成されたチームにおいて行われる。できる限り正確な情報の収集が望まれるが，参加している職種によってアクセスしやすい情報は異なるし，収集できる情報の質も異なってくるだろう。例えば医学的な情報や判断のために必要な規則などは，医師から提供されることが多いだろうが，他の職種（看護師や各種のセラピストなど）からも提供されるだろう。患者の意向や周囲の状況に関しては，看護師や心理専門職，ソーシャルワーカーなどのほうが，医師よりも精密で具体的な情報を収集・提供できる可能性がある。そのような情報をすり合わせる場面

においては，参加している多職種の中に権力的な上下関係や不均等が存在していることは望ましくない。それぞれの専門性を尊重しつつも，チームとして1つの場を形成し，そこから討論や共同作業を通じて，何らかのプロダクトを生成していくことが必要となる。倫理カンファレンスはその1つの典型的な場の一例となるだろう。[*5]

4．物語倫理

　臨床倫理における第三の方法論は「物語倫理（narrative ethics）」である。原則論倫理は，抽象的，理論的な世界において「私たちは何をなすべきか」についての原則を論じる。決疑論は，「具体的な個別の状況において私たちは何を選択すべきか」について一般的倫理原則をどのように応用するかについての方法論を提供する。これらに対して，物語倫理は「あなたと私の関係において，私はあなたのために何を選択すべきか」について論じる。このような二者間の個別的な間主観的関係の中で，私がとるべき倫理的義務とは，あなたの語りに耳を傾け，あなたの苦境の物語を最大限に尊重し，あなたの物語に心動かされて，あなたのために，あなたとともに行動することである。シャロン（Charon, R.）[*6] は以下のように述べている。

> 人は自分が被ったことを理解するためにはそれを語らなければならず，それゆえに病いを通じて他者に寄り添う専門家には，その人の話を最後まで聴く責任が生じる。物語倫理の信条においては，すべての立場に耳を傾けること，すべてのできごとを文脈の中に位置づけること，すべての声を尊重すること，そして苦難を受けるすべての者の証人（witness）になることが求められる。…- 原則主義の倫理家が，患者の苦悩をカンファレンスルームという安全な場所で聞き，行うべき適切な行為についてはるかかなたから判断することでその義務を果たすと

するなら，物語倫理家は患者に寄り添って座り，苦しんでいる患者に体を傾け，患者が語ることで自らの病いの経験を理解することができるように，自分自身を提供しなければならない。（訳書 p.303, p.312）

このように，物語倫理家の責務は，判断することよりもむしろ聴くことである。しかし，臨床における倫理的実践とは，「個別の状況において最も"善いこと"は何か？」を問うことであるから，物語倫理家はその作業全体を通じて，全ての関係者の語る物語を尊重し，丁寧に聴き，それらが語られるように援助し，それらがすり合わされる中から新しい物語が浮かび上がること，そしてそれが実践されることを援助しなければならない。そのように考えると，臨床心理学的な実践は物語倫理と非常に相性がよいと言える。

さらにもう1つ物語倫理における重要な特徴として，臨床的個別事象における倫理判断の柔軟性，文脈依存性がある。これについて，グリーンハル（Greenhalgh, T.）[7]は「幼児性の倫理」と「より洗練された倫理性」を以下のように対比させることによって，この問題を描写している。

「幼児の倫理」は，普遍的で柔軟性を欠く規則に基づいている。例えば「うそをついてはいけない」「先生の言うことを聞く」などである。「より洗練された倫理性」においては，これらの硬直した規則は，状況に応じて思慮深く適用される経験則に置き換えられる。子供達は，真夜中に寄宿舎の窓から外に出てはいけない。ただしそれは，悪の魔王ヴォルデモートが世界を破壊することを阻止するために必要な行動と判断した場合を除けば，ということである。 （訳書 p.101）

原則論をそのまま現場に機械的に当てはめるという姿勢は，臨床ではほとんど役に立たない。そのような硬直した姿勢は「幼児の倫理」であるとグリーンハルは皮肉を込めて描写している。それに対して，「成熟した倫理」は，現場における個別事象の特質と背景にある文化・文脈を重視する。前節で例として挙げた，面談の予約時間を厳守するか柔軟に変更するかは，原則論から自動的に結論が導かれるわけではない。そこでは関係者の物語が全て尊重される必要

があり，それらが率直に語られることが促進され，しっかりと聴き取られる必要がある。そのような姿勢と行動そのものが倫理的なのである。そこで複数の物語がすり合わされ，どのような物語が浮上し，共有されるかは前もって予測することはできない。しかし，そこで共同構成された物語に動かされ，それが実行されるように臨床家は全力を尽くさなくてはならない。そこでは，臨床心理学的実践と倫理的実践は切り離せないものとなるのである。

5．心理職の専門性と多職種協働

　臨床心理専門職とは，臨床心理学の知識，臨床心理学的実践を行うための技術，態度を身につけ，苦しむ者への支援活動である臨床実践が必要とされる現場においてその専門性を活かして行動することのできる者である。このような臨床現場は，医療，福祉，教育，司法，産業などの多分野にわたっている。

　本邦の臨床心理専門職の資格としては，これまで財団法人が認定した臨床心理士資格が最も権威あるものとされていた。しかし，2016年に公認心理士法案が制定され，2018年度から正式の国家資格である公認心理師養成のためのカリキュラムが施行される。同時に2018年から公認心理師の国家試験が開始され，正式に公認心理師が誕生することになった。5年間は移行処置として，これまで心理専門職として実践に従事していた現任職が公認心理師に移行していくが，2023年度以降は，心理系の学部と大学院，あるいは実習機関における規定の教育カリキュラムを終了した者のみに公認心理師の資格が与えられる。民間資格としての臨床心理士制度は今後も継続していくとはいえ，本邦における心理専門職の標準は公認心理師によって担われるようになることがほぼ確実である。

　公認心理師の法律上の役割としては，以下の4点が定められているので，どのような分野で活動するにせよ，これらは必ず期待される役割となる。

1）心理に関する支援を要する者の心理状態の観察，その結果の分析
2）心理に関する支援を要する者に対する，その心理に関する相談及び助言，指導その他の援助
3）心理に関する支援を要する者の関係者に対する相談及び助言，指導その他の援助
4）心の健康に関する知識の普及を図るための教育及び情報の提供

本節では，心理専門職の標準として公認心理師を想定したうえで，複数の対人支援領域において今や必須のシステムとなっている多職種協働活動について考えていく。

1 ── 多職種協働とは何か

多職種協働（multidisciplinary collaboration）とは，「異なった複数の専門職が，それぞれの専門技能を活かし，互いに尊重し合い，協力しながら，共有された目的に向かって共同作業を行うこと」と定義される。

心理専門職が働く領域は，医療，教育，福祉を含む多彩な領域が想定されており，実際にも既に多くの領域において複数の専門職が協力し合いながら実践が行われている。しかし一方では，個々の専門職はそれぞれ固有の文化をもっており，その連携は必ずしも常にうまくいっているわけではない。しかし，多職種協働の困難性ばかりを強調しても問題は解決しない。これまでの章でも述べてきたように，心理専門職は，その専門性の中で，他者との信頼関係の構築と共同作業を行うための技能を含む訓練を受け，それを身につけている。したがって，その専門的技能を，直接の被支援者である患者やクライエントに向けるだけではなく，連携・協働関係にある他の専門職との間でも有効に発揮することができる。それによって，チームの機能は大いに強化されるだろう。心理専門職が身につけている専門技能のうちで，特に以下の2つの汎用スキルは有効な多職種協働に大きく貢献すると思われる。

①**実践科学的スキル**：心理専門職は，目に見えないこころの働きを把握し，可

視化し，アセスメントし，合理的な探究の過程に乗せるための専門的な訓練を受けている。心理学における操作的定義によって構築された構成概念を利用し，心理アセスメントなどの方法論を駆使して，支援対象者やチームスタッフの心理状態を明確化し，その情報をチームでシェアすることができる。また質的研究の方法論を応用して，チームに起こっている現象を説明することが可能な仮説を生成したり，それを実践の参照枠として利用し，近未来を予測したり，介入方針を選択したりすることに活かすこともできるだろう。

②**機能的対話スキル**：心理専門職は，機能的対話（聴く，応答する，関係をつくる）を用いて，クライエントやチームスタッフとの効率的な情報交換を行うとともに信頼関係を築く技能を身につけている。機能的な対話は，多職種協働のためのチーム活動の全ての局面において利用可能であり，それを適切に実践することで，チームスタッフ間の信頼関係を強化し，共通目標に向かうモチベーションを高め，燃え尽きを防止し，チームの機能を最大化することができるだろう。

2──多職種協働における心理専門職の業務（チーム医療を例にとって）

多職種連携の実践が最も注目され，かつ進んでいるのは医療領域であろう。医療とは，患者へのケアを共通の目標とする実践領域であるが，複数の専門性の異なるスタッフからなるチームを形成して共通目標の実現を図ることが一般的であり，かつ近年最も注目され推進されている領域でもある。医療を構成する専門職は非常に多岐にわたる。これらの専門職は日本語では「医療職」と総称されるが，欧米ではむしろヘルスケア専門職（health care professionals）と呼ばれることが多い。なお，医師，歯科医師以外の医療職をコメディカル（co-medical）やパラメディカル（para-medical）と呼ぶ場合もあるが，最近では種々の批判からこれらの用語はあまり用いられなくなってきた。ヘルスケア専門職にどれだけの職種が存在するかについては，実は定説はないのであるが，厚生労働省管轄の国家資格だけでも，医師，歯科医師，看護師，薬剤師，臨床検査技師，放射線技師，理学療法士，作業療法士，言語聴覚士など非常にたくさんの職種がある。

公認心理師は汎用資格なので，狭い意味での医療職ではないが，医療現場で働く場合，他の複数の医療職との連携が必須とされる。特に心理専門職が必要とされる領域は，精神科領域，心身医学領域，緩和医療領域，リハビリテーション領域，地域包括ケア領域，小児・児童医療領域，難病診療領域など多岐にわたる。20世紀までの病院を中心とした医療から地域包括ケアへの移行は確実な流れとなっており，心理専門職もそれに対応した役割を期待されることになるだろう。

　医療現場における心理専門職が期待される役割には，定まったものがあるわけではないが，代表的なものを以下に列挙してみたい。

❶コンサルテーション

　基本的には相談面接の一種である。心理専門職はクライエントや患者との直接の面談を行うだけではなく，協働関係にある専門職スタッフへの相談面接を行う。被相談者（コンサルティー）が抱える業務上の問題や悩みを傾聴し，対応策を共同で考え，必要に応じてアドバイスを与えるなどの作業を行う。

❷リエゾン

　支援者への支援（メタサポート）活動の一種である。心理専門職は，専門的支援を必要としている患者やクライエントが所属する病棟や外来のチームなどからの依頼を受ける。必要に応じて患者や家族との直接面談を行ったり，カンファレンスに出席してファシリテーターの役割を担ったり，チームにアドバイスを与えたりする。

❸アウトリーチ

　心理専門職はチームからの依頼に応じて，相談室外や，所属施設外へ出張してクライエントや患者との面談や状態の判断を行う。従来の古典的心理相談のスタイルではこの業務に対応することはできない。アウトリーチ活動は危機介入や引きこもり支援などの際に特に必要とされ，状況によってはその支援活動の成否の鍵を握る役割を担うこともある。

❹危機介入

 所属する組織や現場において，時に即時の介入を必要とする事態が生じることがある。例を挙げると，患者やクライエントの自殺企図や精神的混乱そのものであったり，そのような事件によって衝撃を受けたスタッフへの心理サポートであったりする。心理専門職は，可能な限り危機介入の原則に従って，チームと連携をとりながら行動することになる。

❺サポートチーム・ネットワーキング

 医療に限らないが，現代の対人支援においては，何らかの解決すべき問題，あるいは特定の個人への援助において，各種専門職が単独で関わることはむしろ稀であり，その時々に必要な複数の専門職がチームを作って対応することが多い。この場合チームリーダーが誰になるかはあまり大きな問題ではない。近年日本にも導入されつつあるオープンダイアローグ[*8]では，緊急依頼の電話を受け取った人がどの職種であっても，そのクライエントに対するサポートチームのリーダーとなって対応すると言われている。いずれにせよ，サポートチームは，対象となるクライエントや問題へのサポートを共通目標とする多職種連携のチームとなる。福祉領域では，虐待問題に対応するチーム，学校においては"チーム学校"などにおいてこのようなチームが形成される。その際に，心理専門職はリーダーの役割をとるにせよ，ファシリテーターの役割をとるにせよ，メンバーの1人となるにせよ，その専門技能，特に汎用スキルを活かすことで，チームの能力を最大化することに貢献できるだろう。

3──医療における物語倫理の実践事例と心理専門職の役割

 以下に，医療現場において実際に生じた倫理的問題に対して，物語倫理の観点からどのようにチームが対応したかの事例を提示する。あわせて心理専門職がこのチーム実践に関与するとしたらどのような貢献の可能性があるかについて考察したい。

Ｆさんは，8年前に右側乳癌にて乳房摘出術を受けた50歳台の女性である。2年前に骨転移を発見され，複数の医療機関で，化学療法，ホルモン療法を受けた。3か月前より，息切れ，動悸がひどくなり，血液検査で高度の貧血（Hb 3.3mg/dl）を指摘された。骨髄生検等の所見から，広範な癌の骨髄浸潤による貧血であることが確認された。Ｆさんは宗教上の理由により輸血を拒否していた。典型的な臨床倫理的課題をかかえた事例である。医療チームは何回ものミーティングを経て，以下の3つの方針を共有した。

　①Ｆさん，家族，宗教団体などの複数の当事者のそれぞれの物語を丁寧に聴き，対話する機会を可能な限り多く設けること。

　②患者の物語を最大限に尊重しつつ，全ての関係者にとってのある程度共約可能な物語の共同構成を目指すこと。

　③行為選択の責任を主治医1人に追わせるのではなく，医療チームが全面的に患者と主治医を支援すること。

　Ｆさんは以下のように語った。「宗教的信念により輸血は拒否します。最後まで尊厳を保ったまま死にたいのです」。家族は「私たちは宗教信者ではないので，本人の気持ちには理解できないところがあります。しかし，できるだけのことはしてほしいのです」と語った。コンサルトを求められた血液専門医は，「医学的には輸血の適応ですが，慢性に進行する貧血の場合にはぎりぎりまで症状が出ないことは私たちも実際に経験します。慎重に経過観察するという選択もあると思います」とアドバイスした。輸血部の医師は，「これまでの経験から，宗教団体の方々とも信頼関係のもとで対応を相談することは十分可能です」と語った。宗教団体幹部は，科学的医療にも一定の理解を示しつつ，Ｆさんの宗教的信念の尊重を希望した。

　構築された「共約可能な物語」は以下のようなものとなった。「輸血は行わないが，増血のための他の治療は必要に応じて行う。化学療法・放射線療法は行わず，必要に応じてホルモン療法を行う。終末期においては，気管内挿管，救急蘇生は行わないが，尊厳を保つための苦痛の軽減，栄養補給は行う」。主治医を通じて伝えられたこの方針を，Ｆさんは，快く受け入れた。

　その後，Ｆさんの血清Hbは2.9mg/dlまで低下したが，安静時の自覚症状はほとんどなかった。貧血は徐々に改善し，3か月後には5.5mg/dlまで回復した。患者および家族と医療チームの関係は終始良好であり，Ｆさんの精神状態は安定していた。6か月後に，血圧低下，意識消失により救急来院し，当日永眠された。関係者からのクレームは全くなかった。

Fさんの事例の経過において，通常では共約不可能な複数の物語が現場において交錯していたことが明らかである。原則論倫理の観点から言えば，自身の宗教上の信念から輸血治療を受け入れないというFさんの希望は，自律尊重の原則からは全面的に肯定されるべきであるが，善行原則や無危害原則との間に葛藤が生じる。手順論に従ってチームでの検討を行うにしても，患者本人はもちろんのこと，複数の関係者や医療チーム内部においても複数の物語が語られており，信頼関係のもとでそれを丁寧に傾聴することなしには，そもそも情報の不足によって倫理的判断も行動選択もできない。

　ここで重要になることは，複数の物語をできる限り良い関係のもとで語ってもらう対話を成立させること，それぞれの関係者が体験している苦難の語りの証人となること，それらの複数の語りの交錯の中から何らかの共有可能な物語を構築し，チームがそれに従って患者のために行動していけるようにすることである。これらが物語倫理の実践に必要とされることである。

　このようなチーム医療の中で，心理専門職に期待され，かつ心理専門職だからこそできる役割が非常にたくさんあることは，改めて論ずるまでもないだろう。心理専門職は，どの立場の関係者からも適切な態度で物語を聴き取るための機能的対話の訓練を受けている。それを通じて継続的な信頼関係をつくっていくための具体的なノウハウも身につけている。チームの機能を最大化するために実践科学としての心理学的知識と技術を用いることもできる。これらは，ファシリテーション，コンサルテーション，リエゾンなどの方法を通じて実践される。それらを実行できるための訓練を受けており，実際に実行できることがチーム医療における心理専門職の存在意義なのである。

註 ●●●●●

＊1　以下の臨床倫理における3つの方法論という考え方について，著者は以下の書籍の内容に多くを負っている。
宮坂道夫（2005/2016）『医療倫理学の方法——原則・ナラティヴ・手順』 医学書院

＊2　Beauchamp, T. L., & Childress, J. F. (1979/2001) *Principles of biomedical ethics*. Oxford University Press.（立木教夫・足立智孝（訳）(2009)『生命医学倫理　第五版』麗澤大学出版会）

＊3　Hunter, K. M.（1991）*Doctors' stories: The narrative structure of medical Knowledge.* NJ: Princeton University Press.（斎藤清二・岸本寛史（訳）（2016）『ドクターズ・ストーリーズ――医学の知の物語的構造』新曜社　p.55.）

＊4　Jonsen, A. R., Siegler, M., & Winslade, W. J.（1982/1992）*Clinical ethics: A practical approach to ethical decisions in clinical medicine.* McGraw-Hill, Inc.（赤林　朗 他（訳）（1997/2006）『臨床倫理学――臨床医学における倫理的決定のための実践的なアプローチ』新興医学出版）

＊5　手順論と物語倫理の実際例については，章末の事例（本書187頁）および補論8を参照のこと。

＊6　Charon, R.（2006）*Narrative medicine: Honoring the stories of illness.* New York: Oxford University Press.（斎藤清二・岸本寛史・宮田靖志・山本和利（訳）（2011）『ナラティブ・メディスン――物語能力が医療を変える』　医学書院）

＊7　Greenhalgh, T.（2006）*What seems to be the trouble?: Stories in illness and healthcare.* Oxford: Radcliffe Publishing Ltd.（斎藤清二（訳）（2008）『グリーンハル教授の物語医療学講座』　三輪書店　p.101）

＊8　斎藤　環（著＋訳）（2016）『オープンダイアローグとは何か』　医学書院

補論8

学生相談現場における臨床倫理分析

●はじめに

　臨床倫理の実践とは，特定の状況における特定のクライエントへの最善の臨床的ケアを選択することである．本文で論じたように，臨床現場は不確実性と複雑性が避けられないので，原則や特定の価値を状況に当てはめるだけでは，有効な倫理的選択はできない．ジョンセンらは，実践的な臨床倫理学的アプローチとして，以下の4つの側面を全て考慮することによる，意思決定のための体系化されたアプローチを提唱した．

1) 医学的適応（medical indications）
2) 患者の意向（patient preferences）
3) QOL（quality of life）
4) 周囲の状況（contextual features）

　この補論では，学生相談の現場において対応に苦慮した事例に対してジョンセンの4分割法を用いた臨床倫理分析による検討を行い，最善の対応を模索する手がかりとした経験を描写する（〈　〉は治療者，「　」はクライエントの発言を示す）．

●事　例

経過Ⅰ：初来談から医療機関紹介まで

　大学2年生のGさん（女性）が，大学の保健管理センターに自主来談した．初回面接は精神科医であるX教員が担当した．Gさんは「名前も学科も言いたくない」という条件で面接を希望した．

　表情は陰鬱で仮面状，すぐに泣き出したりする．「同じ学科の男子学生が自分の周囲にうろつく．そのことが友人の間で噂になっている」「別の男子学生が自分に付きまとう．とても不安になる」など，関係念慮的なエピソードが語られた．また，「高校生の頃，

性的被害にあった」というトラウマ体験についても語られた。それらを語った後，「これだけみんな喋らなければよかった。先生は私のことをばかにしているでしょう」と言い，泣き出す。「私が失礼なことを言ったから，怒っているでしょう」「先生にはみな見透かされているようだ。話し方が怖い」と言う。〈それなら今後は女性の先生に話をしたら〉と勧めるが，ちゃんと返事しない。〈今日はここまで〉と打ち切ろうとすると，「今から下宿に帰るのはたまらない」と言い，もっと面談を続行してほしいという矛盾した要求をする。

　X教員は，印象として統合失調症の疑いがあると考えたが，支援関係を継続するために，女性カウンセラーであるY教員との面談を勧め，第2回以降の面接はY教員が引き継ぐことになった。

　Gさんは約1週間おきに2回来談し，以下のような内容についてY教員に話した。

　①父親が病気であり，親に心配をかけられない。②高校の時に，自転車で通学途中に，自動車に乗った男性にからかわれ，足を触られた。警察に言いに行ったら，「あなたにも隙があった」と言われた。③大学の校舎の屋上で，飛び降りたいと思ったが，思い直して飛び降りるのをやめた。④高校の時も通院して服薬していたので，病院へ行ってもいいと考えている。⑤名前や所属，出身は言いたくない。家にも連絡してほしくない。⑥ここで喋ったことが，よかったのか…言わなくてもいいことを喋ったのではないかと不安になる。

　すぐに泣くなど，情緒的に不安定ではあったが，Gさんが病院への受診を受け入れたこともあり，近隣の医療機関（心療内科）への紹介受診となった。

　初回来談時から心療内科受診までの経過において，Gさんへの臨床心理学的援助を行うためには，解決しなければならない複数の倫理的課題があった。その最大の問題は，クライエントの自己管理能力が疑われるような状況の中で，本人が自分の個人情報を支援者に明かさず，情報を他者と共有することを望んでいないということである。さらに薬物療法が必要となる精神病圏の病態の可能性が否定できないにもかかわらず，面接者との継続面談が困難であるという状況も存在していた。何よりも本人や周囲から得られる情報自体も不十分であり，本人のケアをしつつ情報収集を継続する必要があった。その中で暫定的に行われた臨床倫理分析を以下にまとめる。

【臨床倫理分析（保健管理センター来談時）】
1. 医学的適応（medical indications）
    1) 鑑別診断
    ・精神病圏の病態（統合失調症）が否定できない。
    ・他の病態も否定できず，情報が不十分である。
    2) 治療と予後の見通し
    ・面接の継続と精神療法的関わりが必要である。
    ・治療関係の確立が困難。
    ・投薬が必要となる可能性が高い。
2. 患者の意向（patient preferences）
    ・自主来談であり，援助要請の意思ははっきりしている。
    ・精神的判断能力欠如状態の疑いがある。
    ・援助のために必要な情報（氏名，学科など）の開示を拒否している。
    ・医療機関への受診は拒否していない。
3. QOL（quality of life）
    ・就学続行困難の可能性がある。
    ・日常生活の質が保たれているかどうかの情報は不十分。
    ・身体的な状況は保たれている。
4. 周囲の状況（contextual features）
    ・教員・学友との関係は最低限保たれていると思われる。
    ・家族との関係は不明。
    ・守秘義務の遵守に関する支援者側の倫理的葛藤がある。
    ・センターでは薬物療法を行うことができない。

【この時点での方針の選択】
    ・女性カウンセラーによる面接の続行。
    ・支援者間連携の可能な心療内科への受診を勧める。

経過Ⅱ：心療内科受診時の面接

　心療内科における初診面接は医師であり臨床心理士でもあるZが担当した。受診時の主訴は次のとおりである。

「半年くらい前から，考えすぎるのをやめられない。友達と話をしていて，その反応についていろいろ後から考えて，自分が悪いのではないかと考えてしまう。日常生活も悪いほうに行ってしまい，勉強も思い通りにいかなくて，どうしたらよいのかわからない状態。何事にも集中できず，すぐにパニックになって泣いてしまう。周りに流されず，しっかり自分をもてるようになりたい。薬に頼ってでも早くそうなりたい。身体に不調はない」

以下，心療内科初診時面接の一部を逐語的に再構成したものである。

〈はじめまして，Zです〉
「お願いします」
〈少し，詳しく聞かせてほしいんですけど，どんな感じですか？〉
「妄想って言うか，人に何か思われているんじゃないかという感じが続いていて，友達とかに相談したりしていたけど，何もかもが悪くなっていって，すぐにパニックになってしまって，弟も同じようなことで薬を飲んでいるので，もっとプラス思考みたいに，薬を飲んででも良くなりたいと…」
〈他人からどう思われるかとか，悪いほうへ考えてしまって辛いということですね〉
「はい。そうです」
〈少し確認したいんですけど，学生さんですか？〉
「はい。○○大学です」
〈半年前くらいから，いろいろなことが気になりだして，自分で何とかしようと思ったけれどどうにもならないと思ってこちらへ来たのですね〉
「はい」
〈今まで病院にかかったりしていますか？〉
「はい。○○県の心療内科にかかっていました」
〈いつ頃ですか？〉
「○歳頃です」
〈その頃も同じような感じで辛かったのですか？〉
「そうです。考えすぎるのと，思い込みが強すぎるというか…」
〈その時はどうなったんですか？〉
「1年間通って，毎回カウンセラーと1時間くらい話して，先生に診てもらって，薬をもらっていました」
〈その後はどうなりました？〉
「それなりに良くなりました」

〈こちらへ来てから，そっちへの通院のほうはどうなってますか〉
「一時ストップしてます」
〈薬とかはどうなってますか？〉
「そう言えば，夏に一度同じようになって，実家のほうで病院に行って，薬をもらって飲んでました」
〈その後はどうなってますか？〉
「夏休みの終りまで飲んでたけど，やめて，母が漢方薬にしろと…」
〈どうして，この病院へ来ようと思ったのですか？〉
「大学の相談室のほうに行って，話したら心療内科へ行くように言われて…」
〈ここ1週間くらいの日常生活はどうなっていますか？〉
「朝，5～6時に起きるけど，頭はぼーっとしていて，食べなきゃと思うので何とか食べて，朝遅れちゃいけないと思うので，学校には行っています」
〈がんばって，学校へは行っているんですね〉
「はい。帰ってからはレポートを書いたりとかして，テレビとか見て，世の中いろんなことが起こってて，それを私は知らないからこんなことを考えてしまうのかと思って，テレビに集中しようとしてみたりとか。夜は12時になったら寝ようと決めて，寝て，また起きての繰り返しです」
〈たいへんなのに，生活も学校もちゃんとしていてえらいですね〉
「でも，学校のほうも，もうやめようかと…」
〈何学部なんですか？〉
「○学部です。最近勉強も難しくなってきて，試験もうまくいかないし…。やめることにしたけど，手続きとかしているうちに，このままじゃ社会でもうまくやっていけないんじゃないかと思って，先生の前で泣いたら，その話が広まってしまって，リハビリだと思って学校に来なさいといわれて，このまま行っても何をやってもうまくいかないんじゃないかと思って…」
〈とりあえず，この先数か月，どんなふうになっていくのが，あなたにとっては一番楽かな？〉
「勉強以外に，人間関係の悩みで，マイナスにならないようになったらいいかなと…」
〈いろんなこと考えて悩んでいるのが和らげば，うまくいくのではないかということですね〉
「はい」
〈とりあえず，大学のほうは，どうする予定ですか？〉
「まだ，紙（退学届の用紙）だけもらってきただけで…」
〈あなた自身としては，まだ迷ってる面があるんですね〉

「はい…自分のこと、幼いんじゃないかと思って、怖くなって、自分にできること無いんじゃないかと。他人も信用できないっていうか。ちょっとしたことで『裏切られた』とか考えちゃって。こう言ったから、ああなったとか考えると、身動きとれなくなって、…幼いっていう劣等感があるから…周りが全部敵のように思えたり…とか…」
〈今、この状況で、学校やめるとか重大なことを決めてしまうのはどうかと思うので、とりあえず、今後しばらくの間どうするか決めましょう〉
「はい」
〈前の病院でどんな薬をもらっていたか知りたいので、電話番号を教えてください〉
「…はい」
〈私のほうでお薬を出してどうなるか見ていこうと思っていますが、こちらで一人でやっていけそうですか？〉
「大丈夫です」
〈ご両親に私が何か話したほうがいいですか？〉
「自分で話します」
〈ご両親との関係とか、そのへんで困っていることがありますか？〉
「電話で話して、『何回も何回も同じこと言って』と言われると、ちょっと辛いです」
〈私は、あなたが今一人でいられるか、心配なのですが…〉
「実家に帰るのは、ちょっと遠いです」
〈ご両親が心配された場合、私とご両親とが話すということについてはどうですか？〉
「そこで、何を言われるのかな、と思うと…」
〈今後のために、連絡がとれる人がいるといいと思うんですけど…〉
「…（しばらく悩んでいる）…」
〈やっぱり、ご両親がいいのではないかと…。あなたが話してほしくないということは話しませんので、それでいいですか？〉
「はい」
　　…（以下略）…

　心療内科初診時の面接によって、それまでははっきりしていなかったいくつかの情報が明らかになった。その情報を加えた上で、以下のように再度臨床倫理分析を行った。

【臨床倫理分析（心療内科初診時）】
1. 医学的適応（medical indications）
    1）鑑別診断
     ・おそらく神経症圏の病態。[*1]
     ・精神病圏の病態は完全には否定できない。
    2）治療と予後の見通し
     ・定期的な通院と心理療法的関わりが必要。
     ・前医と同様の投薬が有効である可能性が高い。
2. 患者の意向（patient preferences）
     ・自主来院であり，援助要請の意思ははっきりしている。
     ・精神的判断能力はおおむね保たれている。
     ・情報（氏名，学科，住所など）開示には問題なし。
     ・両親と医療機関が本人の頭越しに連絡をとることには抵抗がある。
3. QOL（quality of life）
     ・就学続行困難の可能性は残されている。
     ・日常生活の質は最低限保たれている。
     ・身体的な状況は保たれている。
4. 周囲の状況（contextual features）
     ・教員・学友との関係は保たれている。
     ・父親の病気のため家族に迷惑をかけたくないと考えている。
     ・前医療機関との関係は良好。
     ・心療内科への通院は了解している。

【この時点での対応の選択】
     ・心療内科への定期通院。心理療法と薬物療法の継続。
     ・医師が必要と認めた場合，家族に連絡をとることの確認。

経過Ⅲ：その後の経過

　初診の1週間後に再診。初診時と比べ，精神的には格段に落ちついていた。その後，2週間に1回の定期通院を継続。最低限の大学生活に支障をきたすことはなく，6か月間通院を継続した。治療者が家族と連絡をとらなければならないような必要性は生じなかった。

Ｚの○○大学保健管理センターへの転任を機会に，センターでの週に1回のカウンセリングを再開した。カウンセリング開始後約2か月頃から，外来診療時には語られることのなかった過去の性的なトラウマについての話題が面接の中で語られるようになったが，精神的に不安定になることはなく，日常生活に大きな影響は見られなかった。投薬を全て中止したが，精神状態は安定しており，過去のトラウマについても訴えはほとんどなくなった。その後，大学生活にはほぼ問題なく適応し，日常生活の現実的な話題に関する定期的なカウンセリングが続けられ，卒業研究を無事修了し，卒業し社会人となった。

●考　察

　本事例は，来談時，精神病水準の病態が疑われたこと，氏名，所属を開示することを拒否したこと，治療関係を形成することに著しく両価的であったこと，保護者への連絡を拒否したことなど，学生相談現場における多様な臨床倫理的葛藤を内包する事例であった。しかし一方では，援助要請の自発的意思がはっきりしていること，医療機関への受診を拒否していないこと，最低限の日常生活と周囲からの援助が確保されていることなどの，事例のもつ健康的側面も示唆されていた。

　事例の多面的な特徴を明らかにし，最も妥当な援助的関わりを選択するために，ジョンセンの臨床倫理分析のアプローチは極めて有効であった。分析によって得られた多面的な理解が，精神科医，カウンセラー，心療内科医という専門性の異なった治療者間の連携と，医療機関と保健管理センターという性格の異なった援助機関の連携が柔軟に行われることを援け，結果的に事例のQOLを最大限に良好にしうる援助実践が可能になったと考えられる。

　臨床倫理分析（臨床的決疑論）のアプローチは，単に倫理的原則を臨床例に当てはめるのではなく，事例そのものと周囲の環境のもつ援助的資源を最大限に活用するための学際的なアプローチであると言える。また，その実践のためには，クライエントの自律原則の徹底的尊重と，クライエントが陥っている苦境への共感的理解，さらにはクライエントが語る物語への応答責任が支援者に要請される。このように，臨床心理学的実践における臨床倫理は，原則論，手順論，物語論の全てを包括する総合的なアプローチであると言える。

註 ●●●●●

＊1　この事例が経験された時点では，精神科領域においてもDSMによる診断は未だ普及

しておらず,専門家の間でも「神経症圏」「精神病圏」といった記述精神医学的な「見立て」が行われることが一般的であった。現在から振り返ると,Gさんの病態は「心的外傷後ストレス障害（PTSD）」の診断基準を満たすと思われる。

人名索引

●ア
アイゼンク（Eysenk, H. J.）　40
アドラー（Adler, A.）　9
アントノフスキー（Antonovsky, A.）　129
アンナ・フロイト（Freud, A.）　42

●ウ
ウィニコット（Winnicott, D. W）　43
ウォルピ（Wolpe, J.）　7, 38

●エ
エリス（Ellis, A.）　8, 38, 105
エンゲル（Engel, G. H.）　98

●カ
ガイアット（Guyatt, G. H.）　49
カバットジン（Kabat-Zinn, J.）　40
ガミー（Ghaemi, N.）　100
河合隼雄　44, 73, 86, 135, 156
カンデル（Kandel, E. R.）　102

●ク
クーパー（Cooper, M.）　59, 60
クーン（Kuhn, T. S.）　23, 36, 153
クライン（Klein, M.）　43
クラインマン（Kleinman, A.）　130
グリーンハル（Greenhalgh, T.）　181
クレスウェル（Creswell, J. W.）　157

●コ
國分康孝　16

●サ
サケット（Sackett, D. L.）　50

●シ
ジェンドリン（Gendlin, E. T.）　10, 46
下山晴彦　136
シャロン（Charon, R.）　180
ジョンセン（Jonsen, A. R.）　179

●ス
スキナー（Skinner, B. F.）　7, 38, 105
杉山明子　136
ステイク（Stake, R, E.）　155

●ソ
ソシュール（Saussure, F.）　9

●テ
テイラー（Tayler, R.）　86

●ト
土居健郎　134
東畑開人　106

●ノ
ノルクロス（Norcross, J. C.）　60

●ハ
パース（Peirce, C. S.）　23
パールズ（Perls, F. S.）　10, 46
ハンター（Hunter, K. M.）　100

● フ
福島哲夫　151
フロイト（Freud, A.）　42
フロイト（Freud, S.）　9, 40

● ヘ
ヘイズ（Hayes, S. C.）　39
ベイトソン（Bateson, G.）　46
ベック（Beck, A. T.）　8, 105
ベック（Beck, J. S.）　38
ベルタランフィ（Bertalanffy, L.）　98

● ホ
ポパー（Popper, K. R.）　22

● ヤ
ヤスパース（Jaspers, K.）　102

● ユ
ユング（Jung, C. G.）　9

● リ
リネハン（Linehan, M. M.）　40

● レ
レヴィ＝ストロース（Lévi-Strauss, C.）　9

● ロ
ロジャーズ（Rogers, C. R.）　10, 45

● ワ
ワトソン（Watson, J. B.）　7, 105

事項索引

●あ
アウトリーチ　185
アセスメント　136
アドラー心理学　41

●い
医学と医療　5
意識と無意識　41
一貫性の感覚　129
一般化可能性　51
一般システム論　98
イド　42
因果性　29

●え
エビデンス　48
　〜に基づく医療（EBM）　48, 49
　〜に基づく実践　48
　〜に基づく診断　132
　〜の4つの側面　56
演繹法　23

●お
応答　79
応用行動分析　39
恩恵　177

●か
解釈学的パラダイム　150
解決志向アプローチ　10
科学としての心理学　24
「科学」とは何か　21
科学の営み　25, 30
科学を利用する科学　27
仮説生成法　23
家族療法　46

関係（relation）　87
関係性（relationality）　87, 135
　〜の原則　13
還元主義　124
間主観性　76

●き
危機介入　186
機能的（な）対話　75, 184
機能的文脈主義　38
帰納法　23
教条主義　101
共約不可能性　24

●く
偶有性／随伴性　2
グラウンデッド・セオリー・アプローチ（GTA）　151

●け
傾聴　78
ゲシュタルト・セラピー　10, 46
研究によって支持された技法　40
研究によって支持された心理学的治療法　53
健康生成論　129
現象学　46
原則論　176

●こ
効果研究　153
構成概念　26
構成主義　42, 46
公認心理師　182
合法則的合理性　28, 51
合目的的合理性　28, 51
国際疾病分類（ICD）　126

個人心理学　9
混合研究法　157
コンサルテーション　185

● さ
サポートチーム・ネットワーキング　186

● し
自我心理学派　42
自己理論　45
システム論的家族療法　10
疾患（disease）　124, 130
実証主義　22
実証主義的パラダイム　150
実証的に支持された治療法　53
実践科学　21
　～としてのEBM　52
　～としての臨床心理学　27
　～における研究　146
実践と理論の関係　6
実践モデル生成型の質的研究法　151
実存主義　46
質的改善研究　154
質的研究　26, 148
修正版グラウンデッド・セオリー・アプローチ法（M-GTA）　163
省察的実践の原則　13
ジョンセンの4分割法　190
自律訓練法　115
自律尊重　176
事例研究法　155
新型うつ病　132
神経性過食症（BN）　94
深層心理学　9, 40, 105
診断　123
診断－治療モデル　125
心理学とは何か　4
心理学におけるエビデンスに基づく実践（EBPP）　48, 53, 65
心理検査　137
心理臨床学　4

● せ
正義　177
精神疾患の分類と診断の手引　126
精神分析　9, 40
精神分析的心理療法　9, 43
精神力動的心理療法　9, 43
生物－心理－社会（BPS）モデル　98
生命倫理（Bioethics）　176
折衷主義　14, 102
線形因果論　124
専門図式　23, 36

● そ
操作的診断基準　126
操作的定義　26

● た
第一世代の行動療法　8, 38
大学生の発達障害支援　141
第三世代の行動療法　39
第三世代の認知行動療法　8
対象関係学派　43
対話　74
多元主義　101, 102, 105
　～の原則　14
多元主義的統合実践　111
多元主義的統合モデル（Pluralistic Comprehension Model）　109
多軸評定　128
他者性　75
他者尊重の原則　12
多職種協働（multidisciplinary collaboration）　183
短期精神療法　10

● ち
知識利用研究　156

● つ
通常科学　24

● て
データ　148

手順論　178
徹底的行動主義　38
転移　44
転用可能性　155

●と
統合主義　102
動的な構造　2, 18
独立学派　43

●な
ナラティブ　82
ナラティブ・アセスメント　143
ナラティブ・アプローチ　85, 143
ナラティブ・セラピー　10, 46
ナラティブ分析　151

●に
日本のありふれた心理療法　106
人間性心理学的アプローチ　10, 44, 106
認知・行動主義　7, 37, 105
認知行動療法（CBT）　8, 39
認知再構成法　40
認知療法　38

●は
曝露（エクスポージャー）法　39
箱庭療法　115
発達障害　141
パラダイム（論）　23, 36
反証可能性　22

●ひ
非個人的心理療法　111
表現　80

●ふ
フォーカシング　10, 46
不確実性　2, 28
複雑性　2, 29
分析心理学　9

●へ
ヘルスケア専門職（health care professionals）　184

●ほ
方法論的行動主義　38

●ま
マインドフルネス　39, 40
慢性疼痛　162

●み
見立て　134

●む
無危害　177
無知の姿勢　77

●め
メカニズム研究　153

●も
物語　82
　〜の共同構成　92
　〜の特徴と機能　83
　心理学的実践における物語　84
物語研究　156
物語倫理（narrative ethics）　180, 186

●や
病い（illness）　130
　〜の物語　134

●ゆ
夢　113
ユング心理学　41
ユング派　43

●よ
4つの次元　36
4分割シート　179

● ら
来談者中心療法　10, 45
ライフストーリー研究　151

● り
リエゾン　185
良質な対話　75
量的（定量的）研究　26, 148
臨床決疑論（clinical casuistry）　179
臨床行為（clinical acts）　2
臨床行動分析　39
臨床心理学における共通原則　11
臨床心理学における3つの立場　7, 36
臨床人類学　130
臨床と心理学の関係　4, 6

臨床とは何か　1
臨床の定義　2
臨床の認識論的図式　18
臨床倫理　175
臨床倫理分析　190
倫理（ethics）　173

● ろ
論理・情動・行動療法　38

● 欧文
KJ法　151
DSM-5　127
Narrative Based Medicine（NBM）　86
Narrative Medicine（NM）　86

著者紹介

斎藤清二（さいとう・せいじ）

1951 年　新潟県に生まれる
1975 年　新潟大学医学部医学科卒業
1988 年　医学博士（富山医科薬科大学）
1990 年　臨床心理士資格取得
1993 年　英国セントメリー病院医科大学へ留学
1996 年　富山医科薬科大学第 3 内科助教授
2002 年　富山大学保健管理センター長・教授
2015 年　富山大学名誉教授，立命館大学大学院応用人間科学研究科特別招聘教授
2016 年　立命館大学総合心理学部特別招聘教授，現在に至る。

〈専攻〉臨床心理学，内科学，心身医学，医学教育学

〈主な編著訳書〉
『はじめての医療面接――コミュニケーション技法とその学び方』（単著）医学書院
　　2000 年
『ナラティブ・ベイスト・メディスン――臨床における物語りと対話』（監訳）　金剛出版
　　2001 年
『ナラティブ・ベイスト・メディスンの実践』（共著）　金剛出版　2003 年
『ナラティヴと医療』（編著）金剛出版　2006 年
『グリーンハル教授の物語医療学講座』（単訳）　三輪書店 2008 年
『ナラティブ・ベイスト・メディスンの臨床研究』（監訳）金剛出版　2009 年
『発達障害大学生支援への挑戦――ナラティブアプローチとナレッジマネジメント』（共
　　著）　金剛出版　2010 年
『ナラエビ医療学講座――物語と科学の統合を目指して』（単著）北大路書房　2011 年
『ナラティブ・メディスン――物語能力が医療を変える』（共訳）　医学書院　2011 年
『事例研究というパラダイム――医学と臨床心理学をむすぶ-』（単著）　岩崎学術出版社
　　2013 年
『インタビューという実践』（編著）　新曜社　2014 年
『関係性の医療学』（単著）　遠見書房　2014 年
『ナースのためのナラエビ医療学入門』（単著）　日本看護協会出版会　2014 年
『ドクターズ・ストーリーズ――医学の知の物語的構造』（監訳）　新曜社　2016 年
『改訂版・医療におけるナラティブとエビデンス――対立から調和へ』（単著）　遠見書房
　　2017 年　他

総合臨床心理学原論
サイエンスとアートの融合のために

| 2018年3月10日　初版第1刷印刷 | 定価はカバーに表示 |
| 2018年3月20日　初版第1刷発行 | してあります。 |

著　者　　斎　藤　清　二
発行所　　㈱北大路書房
　　　　　〒603-8303　京都市北区紫野十二坊町12-8
　　　　　電　話　(075) 431-0361代
　　　　　Ｆ Ａ Ｘ　(075) 431-9393
　　　　　振　替　01050-4-2083

編集・製作　本づくり工房　T.M.H.
装　　幀　　白沢　正
印刷・製本　創栄図書印刷（株）

ISBN 978-4-7628-3010-5　C3011　Printed in Japan© 2018
検印省略　落丁・乱丁本はお取替えいたします。

・JCOPY 〈㈳出版者著作権管理機構 委託出版物〉
本書の無断複写は著作権法上での例外を除き禁じられています。
複写される場合は，そのつど事前に，㈳出版者著作権管理機構
（電話 03-3513-6969,FAX 03-3513-6979,e-mail: info@jcopy.or.jp）
の許諾を得てください。